LA JEUNESSE

DU

BIENHEUREUX DE LA SALLE

FONDATEUR DE L'INSTITUT

DES FRÈRES DES ÉCOLES CHRÉTIENNES

PAR

M. ABEL GAVEAU

PRÊTRE

Ouvrage orné de gravures

PARIS

rue des Saints-Pères, 30

J. LEFORT, IMPRIMEUR, ÉDITEUR

A. TAFFIN-LEFORT, Successeur

rue Charles de Muyssart, 24

LILLE

LA JEUNESSE

DU

BIENHEUREUX DE LA SALLE

In - 8º. 4ᵉ série.

LE BIENHEUREUX J.-B^te DE LA SALLE

LA JEUNESSE

DU

BIENHEUREUX DE LA SALLE

FONDATEUR DE L'INSTITUT

DES FRÈRES DES ÉCOLES CHRÉTIENNES

PAR

M. ABEL GAVEAU

PRÊTRE

Ouvrage orné de gravures

PARIS

rue des Saints-Pères, 30

J. LEFORT, IMPRIMEUR, ÉDITEUR

A. TAFFIN-LEFORT, Successeur

rue Charles de Muyssart, 24

LILLE

PRÉFACE

Ces quelques pages ont été écrites pour la jeunesse.

L'innocence, la fraîcheur de l'âme, la générosité, la vaillance dans les combats pour la vertu, la douce gaieté, l'amabilité, les émotions angéliques, voilà ce que la jeunesse aime. Tout cela, Dieu l'a donné avec profusion au bienheureux de la Salle, y ajoutant comme par surcroît une distinction qui ne gâte jamais rien. En lui donc, pendant ses vingt-sept premières années, période de la vie humaine où tout est en fleur, ces dons ont brillé avec un suave éclat.

Par là il est véritablement pour la jeunesse une figure séduisante.

A ce propos, nous hasarderons modestement une remarque.

Les biographes du bienheureux de la Salle ont presque tous donné à sa vie un fond austère. Ils ont montré le travail âpre, l'abnégation nue, l'immolation héroïque. Mais l'homme délicat, plein de sensibilité, l'homme aimá-

ble, doux, qui aimait tant Dieu ; les ineffables joies puisées dans le sacrifice de soi-même au bonheur des autres et à la gloire divine, toutes ces choses ne sont qu'au second plan, ne sont rendues que par des traits fugitifs.

Pour ce motif, c'est assurément plus qu'avec une froide impression de respect et d'admiration qu'on aborde la vie de M. de la Salle ; mais ce n'est pas peut-être avec cette satisfaction qu'on éprouve lorsqu'on sait qu'on va se trouver en présence d'une physionomie souriante, heureuse, dont toutes les austérités possibles ne parviendront jamais à atténuer l'éclat joyeux. C'est que chez les saints, il ne faut jamais l'oublier, l'allégresse, l'amabilité sont la céleste parure du sacrifice ; et ce qu'ils donnent à Dieu et aux hommes, au prix de leurs larmes et même de leur sang, ils le leur donnent la fête dans le cœur.

Ainsi, à notre humble sens, aux tableaux qu'on a faits du bienheureux de la Salle, tableaux d'ailleurs dessinés avec grand soin, il manquerait un peu de ce beau soleil qui éclaire, qui échauffe, et donne à la physionomie sa valeur complète.

Au reste, pour avoir cette lumière, il y avait peu de chose à faire ; car elle ne demandait elle-même qu'à jaillir de tant de travaux antérieurs si bien réussis.

On remarquera sans doute que dans la Jeunesse du bienheureux de la Salle nous avons fait volontiers parler les biographes : un récit émaillé de jolies citations *intéresse davantage ; et il nous plaît par là de rendre à tous ces auteurs la justice qui leur est due.*

O bienheureux de la Salle, tandis que les jeunes gens vous regarderont à travers ces pages, et en vous regardant seront émus, oh ! vous, regardez-les, et laissez-vous aussi émouvoir à leur vue ! Mais pourquoi cette prière ? Est-il besoin de vous demander sympathie pour sympathie ? Est-il besoin de vous supplier d'aimer au ciel ceux que vous avez tant aimés ici-bas ?

Paris, 30 avril 1883, anniversaire de la naissance du bienheureux de la Salle.

LA JEUNESSE

DU

BIENHEUREUX DE LA SALLE

CHAPITRE I

Antique famille du bienheureux de la Salle. — Son baptême. — L'hôtel où il est né. — Soins remarquablement chrétiens dont fut entouré son berceau. — Ses larmes et le crucifix de sa mère. — Le premier mot qu'il prononce. — Sa pieuse grand'mère, Mme Lancelot de la Salle, née Coquebert, meurt comblée de consolations.

Le 30 avril 1651, dans l'église Saint-Hilaire, à Reims, on apportait sur les fonts sacrés un enfant né le même jour.

L'enfant n'était pas d'une famille obscure. Sa maison, depuis une époque fort reculée, ne cessait de fournir à l'armée, à la magistrature des hommes distingués. Voici d'ailleurs ses armoiries : un écu portant « d'azur à trois étaies d'or posées deux et une et brisées. » A travers plus de sept siècles, ce blason avait passé de main en main, et arrivait enfin dans ce petit berceau avec la qualité bien autrement auguste d'enfant de Dieu, dont voici également les titres authentiques extraits du registre des baptêmes :

« Paroisse de Saint-Hilaire. — Année 1651. — Du 30 avril. Jean-Baptiste, fils de messire Louis de la Salle, conseiller du roi au présidial, et de demoiselle Nicole Moët. — Nommé par Jean Moët, escuyer, seigneur du Brouillet et conseiller au dit siège, et Mlle Perrette Lespaignol. »

Le baptistère a disparu avec l'église Saint-Hilaire ; nous ne trouvons debout à l'heure présente que l'hôtel où cet enfant vint au monde. C'est une vaste maison qui a conservé les traces d'une certaine splendeur. Aux angles de la porte d'entrée se tient d'un côté un homme à longue barbe, et de l'autre une femme ayant en sautoir une large chaîne. Tous les deux, taillés dans la pierre, sont de grandeur naturelle et se terminent en gaine, c'est-à-dire que la partie inférieure de leur corps n'est autre chose qu'une sorte de pyramide quadrangulaire très allongée, tronquée et renversée. Dans le pays on prétend que ces sculptures représentent Adam et Ève. Un célèbre marchand de lin, Adam, surnommé le *Limier* par les Rémois, ayant résidé dans ces quartiers au XIVe siècle, le constructeur de l'hôtel, pour conserver son souvenir, aurait, dit-on, placé là ces personnages.

Au-dessus du rez-de-chaussée, entre deux fenêtres, est une niche profonde avec console ; un dais en pierre la couronne ; mais la statue qui était dedans a disparu. Le premier étage est séparé du second par une large frise où sont brodés dans la pierre des trophées militaires et un écusson mutilé. Quant au reste de la façade, une simplicité élégante en fait tout l'ornement. Il y a derrière cet édifice une cour, au fond un autre corps de bâtiment parallèle ; et enfin, à droite, une tourelle qui, sans être un bijou d'architecture, ne manque pas d'élégance. La jolie tourelle forme trois étages, et on y monte par un escalier tournant. Au dehors, elle est flanquée de contreforts en pierre, et çà et là percée d'ouvertures. Cette maison, connue sous le nom d'hôtel de la Cloche, est située à peu de distance de la cathédrale, dans la rue de l'Arbalète, autrefois rue de la Chanvrerie.

La famille de la Salle n'habitait cet hôtel que depuis une quarantaine d'années. M. François de la Salle, qui l'acheta et le fit restaurer, l'avait transmis à son fils aîné Lancelot, marié à Mlle Barbe Coquebert. M. Lancelot de la Salle l'habita avec ses enfants, Simon, Marie et Louis. Simon, en embrassant la carrière des armes, et Marie, en épousant M. Fremyn, quittèrent la résidence de leurs parents. Louis de la Salle y demeura constamment. Ce jeune homme pensait à entrer dans la magistrature. Doué de ces qualités aimables et douces qui font le charme d'un intérieur de famille, il entourait la vieillesse de M. et de Mme Lancelot de la Salle des attentions les plus délicates. Il ferma les yeux à ce père chéri, et se dévoua avec tendresse à la consolation de sa pieuse mère.

La mère de Jean-Baptiste de la Salle lui apportant le crucifix au berceau.

Devenu conseiller du roi au présidial et marié en 1650 à Mlle Nicole Moët, c'est à lui et à sa noble femme que Dieu venait de donner le petit garçon que nous voyions tout à l'heure sur les fonts baptismaux.

Les biographes nous disent que le respect de ce père et de cette mère fut grand quand ils replacèrent dans son berceau leur enfant au sortir de l'église. « L'enfant, raconte l'un d'eux, ne brilla pas seulement à » leurs « regards comme le plus précieux joyau de la famille; (1)» ils virent en lui une âme belle de la beauté de Jésus-Christ et rachetée de son sang divin. Le conserver toute sa vie avec la fraîcheur de l'innocence qu'ils lui voyaient à cette heure fut, ajoute notre biographe, « l'idéal de leur tendresse. »

Mme de la Salle, plus encore que son mari, sentait ces choses. La piété de cette femme-là, à ce qu'il paraît, était un parfum qui embaumait toute la maison. Jean-Baptiste allait s'en ressentir, d'autant plus que la jeune mère, bonne et douce, était capable d'exercer sur lui une action puissante par la sagesse et l'énergie innées en elle et vivifiées par un haut sentiment de ses devoirs. M. Blain, le plus ancien des

(1) Fr. Luc.

biographes, nous peint aussi la vie sérieuse qui va la distinguer : elle se mit à « cultiver dans une édifiante retraite des vertus qui craignent le grand monde et qui n'y sont jamais sans danger. » Il est certain que la femme qui élève son enfant comme la nature le veut et comme Dieu le demande, a des vertus du premier ordre à pratiquer pour exercer dignement ce ministère élevé, dont la vie trop à l'extérieur ne peut distraire quand elle n'en dégoûte pas.

Mᵐᵉ de la Salle, de concert avec son mari, se mit donc aussitôt à l'œuvre auprès du jeune berceau. Elle y épuisait les sollicitudes si importantes et si délicates que cet âge tendre exige. C'est là aussi qu'elle priait volontiers. On raconte que, quand la souffrance arrachait des cris à son petit Jean-Baptiste, vite elle lui apportait son crucifix. Dans sa foi si naïve et si pure, la sainte femme se figurait que le divin crucifié ferait pour le consoler plus que ses meilleures caresses à elle. Probablement son regard ému disait à l'enfant qu'il y avait dans cet adorable objet bien plus que le cœur de sa mère. Ce qui est certain c'est qu'à la vue du bon Dieu couronné d'épines, les mains et les pieds percés de clous, Jean-Baptiste cessait aussitôt ses sanglots, et un frais et calme sourire s'épanouissait sous ses larmes.

Mme de la Salle lui mettait aussi quelquefois dans ces circonstances son chapelet de corail entre ses petites mains, ou encore l'image de la Sainte Vierge. L'enfant en ressentait une joie visible, et prenait tout à coup son parti de souffrir sans pleurer si la douleur persistait, ce qui arrivait souvent, car Jean-Baptiste était une petite créature très frêle.

Un enfant premier-né, surtout quand il a un tempérament chétif, expose les meilleurs parents à une délicate tentation, celle d'aller un peu trop loin dans les soins matériels qu'ils lui prodiguent. On voyait bien que Mme de la Salle combattait cette tentation sans arriver toujours à

la vaincre : linge fin, couche moelleuse, chaudes
couvertures, enfin un luxe d'attentions de tous les
instants : elle voulait que rien ne lui manquât.
Mais comme elle rachetait cette faiblesse à demi
volontaire par son énergique persistance à éveiller
de toutes les manières, le plus tôt possible, en
lui les suaves émotions de l'amour de Dieu !

Inutile de faire remarquer que, d'accord avec
M. de la Salle, elle ne voulut qu'aucun nom,
même celui qui dit les plus douces choses de la
terre, frappât son oreille avant le nom de Dieu.
Le nom de Jésus fut donc murmuré avec toutes
les notes de la tendresse autour de ce berceau ;
Jean-Baptiste l'apprit sans peine, s'essaya à le
prononcer avec ses petites lèvres qui n'avaient
pas encore parlé, et la première fois qu'il dit
distinctement Jésus, il le dit, à ce que tous ses
historiens assurent, plus du cœur encore que
de la bouche. De plus chère récompense le père
et la mère en pouvaient-ils attendre que celle-
là ? Alors ce fut leur tour ; l'enfant apprit à les

appeler, et au nom sacré de Dieu vint se mêler sur ses lèvres celui de son père et de sa mère.

Mme Lancelot de la Salle, aïeule de Jean-Baptiste, fut témoin de ses premières années sur la terre. Tout ce qu'elle voyait causait à sa vieillesse une émotion ineffable. Chérie de son angélique bru, et toujours réjouie par l'affection si vraie de son fils Louis, elle cherchait par quel moyen, avant de s'en aller à Dieu, elle pourrait témoigner combien ces trois êtres l'avaient rendue heureuse.

A sa mort l'hôtel appartenait à Simon de la Salle, son fils aîné. Elle régla que M. Louis de la Salle continuerait d'y habiter neuf ans encore après son décès, moyennant le loyer que celui-ci payerait à son frère. Cette transformation ingénieuse, qu'elle avait trouvée dans son cœur, permettait à la vénérable dame de donner une marque de bienveillance à l'un de ses enfants, sans porter atteinte aux droits sacrés de l'autre.

Elle vécut un an après avoir fait cette disposition testamentaire, et mourut pieusement dans les bras de ses enfants bien-aimés. C'était le 12 février 1663 ; Jean-Baptiste avait deux ans.

D'après le peu qui vient d'être dit, on sent combien son vieil historien avait raison d'écrire ces graves paroles : « Dès le berceau il parut que la grâce le distinguait et qu'elle en voulait faire un de ses chefs-d'œuvre. »

CHAPITRE II

On conduit Jean-Baptiste à l'église pour la première fois. —
Ses impressions naïves. — Leçons de sa mère. — L'adorable
sacrifice de la messe. — Avec quelle charmante amabilité
l'enfant se soustrait aux jeux de son âge. — Ses petits
oratoires. — Jean-Baptiste dans le salon de ses parents. —
Il apprend à lire. — Comment s'annonce son caractère.

Quand la raison commença à s'éveiller dans
l'enfant, Mme de la Salle eut hâte de le conduire à l'église. Le pieux Blain nous dit que là
« son cœur fut aussitôt charmé. » On vit, en
effet, de suite ses regards attirés et enchaînés
par l'autel, les fleurs, l'encens, le prêtre en
prière, les enfants qui l'aidaient dans son ministère sacré ; et en même temps au fond de son
âme s'éveillait un monde d'impressions religieuses. Le bon Dieu, dont sa mère lui avait

tant parlé, était là, et lui, tout petit, à genoux
à ses pieds !

De retour, il n'eut que cela à parler. Cette
ouverture mit ses parents à même de lui expliquer avec plus de détail nos saints mystères. Il
voulait tout savoir de ces choses, dont l'irrésis-
tible attrait se faisait sentir en son âme. Avec
ces jolis *pourquoi* dont l'enfance est une source
intarissable, il charmait son grave père et atten-
drissait sa pieuse mère. Si des enfants ordinaires ravissent par leur gracieux babil sur des
riens, comme Jean-Baptiste était touchant bé-
gayant devant ses parents ce qu'il pensait de
Jésus-Christ, de la Sainte Vierge, de la messe,
de la prière ! Véritablement émerveillé chaque
jour davantage de ce que Dieu a fait pour nous,
l'enfant y songeait sans cesse. A mesure que sa
raison précoce se développa, il demanda de lui-
même sur les choses saintes des notions plus
précises. Déjà apparaissait en lui le germe d'un
esprit solide et net. Les mémoires nous le repré-

sentent alors « faisant sur tout des questions
sensées, et exigeant des réponses instructives;
si on refusait ou si l'on tardait à les lui rendre,
ses manières gracieuses engageaient et faisaient
une si douce violence qu'on avait peine à s'en
défendre. »

Il s'imaginait que personne ne devait mieux
savoir tout cela que le prêtre, et c'était merveille de voir le petit Jean-Baptiste quand il
en venait un à l'hôtel de son père, toujours
ouvert avec empressement aux ministres de
Dieu. Du plus loin qu'il l'apercevait, il courait
au-devant de lui avec cette confiance qui rap-
proche instinctivement l'innocence du sacerdoce,
et devine dans l'homme qui en est honoré un
ami avec lequel on est tout de suite à l'aise, et
à qui, bien qu'inconnu, le cœur est disposé à
tout dire. Jean-Baptiste lui faisait mille questions sur le divin sacrifice, sur la Sainte Vierge;
il écoutait avidement ses réponses d'un air
heureux; puis il l'interrogeait encore, lui de-

mandant une foule de détails sur les enfants de chœur, et le priant avec sa candeur naïve et caressante de ne pas se lasser de l'instruire. En le quittant, il témoignait sa satisfaction d'avoir pu s'entretenir de Dieu avec celui qui faisait à la messe les grandes choses, objet de son ravissement.

On raconte qu'à cette époque, quand il se voyait seul, déjà avec un immense respect il pliait les genoux et joignait ses petites mains, récitant ce qu'il avait appris des prières de sa mère, et fixant, quand il n'avait plus rien à réciter, ses yeux sur le crucifix, comme s'il eût voulu dire à Dieu : « Rien autre que toi m'occupe. »

L'église lui devint plus chère à mesure qu'il y alla. La petite étoile qui ne s'éteint jamais devant le tabernacle, les chants suaves mêlés à la mélodie des grandes orgues, les joyeux accents des cloches en volée le ravissaient. Mais pour son cœur rien de tout cela ne valait le saint sacrifice de la messe. Réellement la mystérieuse immolation du Fils de Dieu le mettait hors de lui. Quand il n'était pas sensiblement ému, c'est avec une attention vive et une douce activité qu'il suivait les mouvements du prêtre. Absorbé tout entier dans cet acte, il s'oubliait, n'était sur la terre que par son corps. En cet état, nous disent les mémoires, il portait à la piété ceux qui le regardaient. On ne peut être surpris de voir les biographes assurer qu'un si tendre enfant, abîmé dans le respect, le recueillement, tout occupé de Dieu, à un âge où la légèreté, la curiosité est si naturelle, « attirait les yeux de tous, » et qu'il était considéré comme « un petit saint. »

L'attrait que Jean-Baptiste ressentait pour la maison de Dieu lui faisait désirer d'y aller souvent. Et comme, par discrétion, il ne voulait pas demander à sa mère de l'y conduire chaque fois qu'il en avait envie, dans la crainte de lui être à charge, l'enfant savait gentiment solliciter ce service de différentes personnes ; et on dit, ce qui est facilement croyable, que ces personnes-là étaient bien avant dans ses bonnes grâces. Sa joie ne fut pas petite quand il lui fut possible de s'y rendre tout seul. Ses parents eussent pu alors mettre au prix de tous les sacrifices imaginables la bienheureuse permission de visiter le bon Dieu : Jean-Baptiste n'eût jamais trouvé que c'était trop cher. Tout ceci est loin d'être ordinaire ; et le grave Blain a soin de nous en avertir : « Ces dispositions furent l'effet avancé d'une grâce prévenante qui le remplit de respect, de crainte et d'attrait pour tout ce qui est des « choses sacrées. »

On se demande où était l'enfant dans cette petite créature de cinq ou six ans, l'enfant avec ses étourderies, ses jeux, ses caprices, ses défauts. Ici, mémoires et historiens nous disent : « Rien de puéril en lui ; » « enfant sans avoir les inclinations des enfants. » Dieu a le pouvoir de former de ces créatures-là.

Voici d'ailleurs quels étaient ses jeux de prédilection. On le voyait cueillir des fleurs, prendre avec ces fleurs la divine image de Notre-Seigneur crucifié et différents petits objets précieux à son usage, puis emporter tout cela dans une chambre éloignée du bruit. Là il faisait un petit autel, s'inclinait profondément, — c'était la pensée de la messe qui le suivait partout, — et priait naïvement comme le prêtre qu'il avait vu à l'église. Voilà ses récréations, dont le pieux Blain nous dit que « c'étaient plus des essais de vertu que des jeux. » Quelqu'un qui ne l'eût vu que devant son mystérieux autel, si sérieux, si retiré, eût-il pensé que Jean-Baptiste était le petit garçon le plus gai, le plus ouvert, le plus aimable du monde? Voici un procédé bien simple de l'enfant qui démontre cela jusqu'à l'évidence : Jean-Baptiste avait grand soin de ne s'échapper d'auprès de ses amis ou de ses parents pour cette occupation si chère que quand il savait n'être par là désagréable à personne, et ne point contrister même

légèrement ceux qui l'aimaient. La vraie piété
a sous ce rapport un sens extrêmement délicat.
Personne, au reste, autour de lui n'ignorait que
s'il recherchait la solitude et les passe-temps
sérieux, ce n'était aucunement pour obéir à une
nature morose et sauvage : enjouement, vivacité, bonté exquise de cœur, tout en lui eût pro-
testé contre cette imputation. Quand il le fallait,
Jean-Baptiste se mêlait aux ébats de ses petits
camarades, et il y mettait la meilleure grâce ;
mais il n'aimait réellement, on doit le reconnaître,
les jeux de son âge que pour les autres. Jean-
Baptiste atteignit ainsi ses six ans.

On voit à cette époque ses parents, doués en
vérité d'une rare intelligence pour élever leur
enfant, s'appliquer à le prémunir contre le mal,
contre l'amour du monde, qui avilit tant d'âmes ;
à éloigner avec soin de lui tout ce qui peut
blesser l'oreille ou les yeux. La virilité du caractère, le sentiment du devoir, la pureté indélébile
de la conscience, voilà ce que M. de la Salle

ambitionne pour son fils, et ce qu'il veut développer en lui à tout prix. Mme de la Salle, elle,
d'une main toujours douce, s'applique à le
détacher de la terre et à lui indiquer, sans se

Mme de la Salle lisait à son petit garçon attentif la *Vie des Saints*.

lasser jamais, le ciel. Elle lui inspire le goût du
travail, de la modestie ; l'horreur du luxe efféminé et de la mollesse. Blain nous la montre
« s'étudiant à jeter à toute heure les semences

de la vertu » en cette jeune âme, et « les voyant germer au delà de toute espérance. »

Parmi les choses qui ont le plus de fraîcheur et de suavité pour les âmes que le mal n'a pas touchées, il faut mettre les récits de la *Vie des Saints*. Les mystérieux et si réels rapports des saints avec le ciel ; les charmantes attentions de Dieu pour eux, qui se traduisent en de délicieux miracles ; leur courage, leurs sacrifices ; cette immolation infiniment touchante de leur vie pour son amour ; leur sang versé, tout cela va droit aux cœurs dans lesquels l'innocence rend si sensible la fibre de la générosité. Mme de la Salle lisait à son petit garçon attentif la *Vie des Saints*. Cette leçon si éloquente que sa mère lui donnait par là de l'amour de Dieu, il la dévorait. Rien n'était curieux comme de voir se refléter dans sa physionomie mobile les divers sentiments dont alors son âme était saisie. Sa pieuse mère avait toujours fini la lecture trop tôt. Aussi n'était-il pas rare d'entendre dans la journée Jean-Baptiste supplier d'autres personnes de reprendre le livre bien-aimé et de lui en lire encore quelques pages. On était sûr de devenir aussitôt de ses amis en lui faisant cette grâce.

Tout cela enchantait M. de la Salle, qui, tout en cultivant les heureuses dispositions naturelles de son fils, aimait particulièrement à encourager sa piété. Le dimanche, le grave magistrat se rendait avec lui aux offices ; et, dans la ville de Reims, cet enfant qu'il tenait ainsi par la main lui faisait déjà honneur.

Cependant Jean-Baptiste, en grandissant, persistait à garder son tempérament faible, quoique malgré cela il fût vif et plein d'activité. C'était une inquiétude pour son père et sa mère, une excuse aussi de la continuation des petits soins dont ils l'entouraient. « Aliments exquis, morceaux friands, pain d'une éblouissante blancheur, viandes délicates, » nous dit un biographe, on lui donnait tout pour fortifier son corps, sans pourtant y bien réussir.

Ce n'est pas, au reste, que les distractions utiles pour la santé manquassent à l'enfant. Dans la maison de ses parents régnait toujours la plus douce paix. Là point de plaisirs bruyants, mais des habitudes sérieuses, et de cet ensemble résultait un bonheur pur et une aimable sérénité. Des fêtes intimes venaient de temps en temps animer les salons de l'hôtel de la Cloche ; et à certains jours les tapis soyeux étaient foulés par des invités d'élite qui venaient s'y récréer. Parmi les invités distingués de l'élégant hôtel, tous appartenant aux plus honorables familles de Reims et de la province, il y avait les de Moët et les Lespaignol. On y voyait M. André Coquebert, dont les chroniques disent qu'il « était fort honnête homme et d'esprit, » et qu'il « avait mérité du public parce qu'il avait fait remettre l'échevinage en sa splendeur. » La sœur de M. de la Salle y venait aussi avec son mari, M. Fremyn, dont les mémoires racontent également que quand il prit possession de sa charge de conseiller du roi au présidial, « les habitants l'avaient trouvé fort affable à leur parler et à leur faire raison. » Nous ne parlons pas du père de Mme de la Salle, un magistrat vénérable qui récitait chaque jour son bréviaire; ni de sa mère, une des dames les plus charitables de Reims. Ces saintes gens étaient naturellement les plus assidus de tous aux réunions des jours de fêtes, et ils n'avaient pas assez d'yeux pour voir leur petit Jean-Baptiste.

La gaieté la plus aimable ne manquait jamais à ces soirées ; et elle en était le brillant côté. M. de la Salle y faisait de plus exécuter de la bonne musique. Il avait pour cet art un goût très vif. De sorte que, conversations animées, mélodies et tout ce qui les accompagne dans la mesure acceptée par un monde bien élevé et profondément religieux, tout tendait à rendre ces réunions attrayantes, en laissant dans l'âme de chacun le doux trésor de la paix. Le pauvre petit Jean-Baptiste, que faisait-il ? Il mettait une bonne volonté extrême à trouver du plaisir là où ses parents lui disaient qu'il fallait en prendre ; mais c'était avec un touchant insuccès. Il était là dépaysé.

Une fois il arriva que, pas assez suffisamment maître de lui-même, il laissa passer sur son front toujours si riant un peu du nuage qu'il avait dans le cœur. Tout le monde qui l'aimait cherchait à dissiper sa tristesse. C'était peut-être le bon moyen de faire couler ses pleurs, parce qu'il comprenait qu'on le remarquait, et, déjà très modeste, il goûtait fort de passer inaperçu. Il pleura : sa *Vie des Saints* lui revenait au cœur ; et, apercevant dans un groupe sa grand'mère, nous disent quelques historiens, d'autres disent une personne qu'il aimait pour sa piété, il alla à elle, se jeta dans ses bras et lui dit : « Oh ! venez donc me lire une page de la *Vie des Saints !* »

Jean-Baptiste n'eut bientôt plus besoin qu'on lût pour lui. Il apprit lui-même l'aimable science, et se montra vraiment studieux. Le prix du temps déjà se révélait à lui, et il partageait tous ses instants, sous la direction de sa mère, entre la prière, l'étude et ses devoirs de frère, car il en avait déjà plusieurs, et il se plaisait à les combler des attentions de son amitié.

Voici, d'après tous les mémoires, sous quels traits se présentait le caractère de Jean-Baptiste, âgé de huit ans : un grand fond de candeur et de franchise; dans sa conduite, dans ses paroles, ni détour ni déguisement; souplesse merveilleuse à l'obéissance, mais fermeté à faire ce qui lui était commandé; humeur douce, vive, gaie. Blain ajoute ce mot : « Dans la prière un ange. » Était-il plus pieux qu'aimable, ou plus aimable encore que pieux, c'est ce que nous ne trouvons décidé par aucun auteur.

CHAPITRE III

M. de la Salle veut faire apprendre la musique à Jean-Baptiste. — Le petit gentilhomme enfant de chœur. — Il entre au collège. — Sa première communion, et l'appel divin. — Il reçoit la tonsure. — Ses quatorzième, quinzième et seizième années. — Il met soigneusement à l'abri l'innocence conservée de son jeune âge. — Le chapitre très illustre de la métropole de Reims l'admet dans ses rangs.

M. de la Salle, au milieu de ses fonctions austères de magistrat, savait se ménager de charmants loisirs en cultivant la musique. Son fils avait été, pour ainsi dire, bercé dans l'harmonie; et, maintenant que l'enfant avait l'âge d'apprendre, le père tendre songeait à lui enseigner cet art, source de plaisirs délicats. Il faut le dire : Jean-Baptiste n'avait retenu qu'une seule chose des brillants concerts de l'hôtel de la Cloche, c'est qu'ils ne répondaient en aucune

manière à l'idée qu'il avait lui-même instinctivement d'un art fait essentiellement pour
élever à Dieu, et non pour satisfaire les sens. A
ce compte, la musique sacrée qu'il entendait
avec un pieux recueillement à l'église allait
infiniment mieux à son âme, lui faisant penser,
par ses mélancoliques et suaves accents, aux
cieux, où la joie est éternelle. Il s'était essayé à
moduler, tout petit, les mélodies faciles de nos
psaumes, et une foule de ces gracieux cantiques
que la piété catholique offre dans tous les
rythmes à la Sainte Vierge. Sa voix, d'ailleurs,
était fraîche et pure, juste et pleine de sentiment. Toute son enfance donc il n'avait cessé
d'égayer la maison paternelle en chantant naïvement les choses du ciel ; mais ce que son père
voulait maintenant lui apprendre était tout dif-
férent ; il s'agissait de musique profane, et
Jean-Baptiste y trouvait un insurmontable
dégoût. « Était-ce crainte ? nous dit son vieux
biographe, était-ce une grâce de l'Esprit-Saint

qui le prévenait? » l'enfant hésitait. Et le
biographe ajoute : « Il n'était pas d'humeur à
remplir sa mémoire de tant de cantates qu'il
vaut mieux ignorer que savoir, de tant d'airs de
cour qu'on a plus d'intérêt et de peine à oublier
qu'à apprendre. » Il parvint à faire comprendre
sa peine à M. de la Salle. Le tendre père fut
touché de voir souffrir son enfant ; et, contraint
par là à respecter des répugnances dont le
motif sacré n'échappait point à son cœur, il
renonça à l'espérance tant caressée de voir
revivre en lui son goût pour un art qui, tout
innocent qu'il paraît, n'est pas toutefois sans
danger.

Jean-Baptiste, depuis longtemps, entretenait
dans son âme un doux rêve : celui de devenir
enfant de chœur. Il savait parfaitement ce qu'il
y a d'angélique dans cette fonction ; il s'en était
fait minutieusement expliquer tous les devoirs ;
et les paroles sacrées qu'il faut répondre au
prêtre, il avait eu grand soin de les apprendre,

espérant qu'à la fin à lui aussi, comme aux autres petits garçons qu'il voyait, on lui ouvrirait le sanctuaire. C'était pour lui une joie indicible de se voir à l'avance au milieu d'eux, si près de Dieu. Le petit gentilhomme « brigua cet honneur, nous dit le pieux Blain, plus d'une année. » Enfin il y fut admis, et parut à l'autel avec sa ravissante modestie et ses jolis vêtements de lin et de soie. C'est un des plus délicieux souvenirs que Jean-Baptiste ait laissés. Ses historiens consignent ce souvenir dans des termes comme ceux-ci : Quant il servait à l'autel, un sentiment « de crainte respectueuse » le pénétrait, et « passait », à sa seule vue, « aux assistants. » — « On croyait voir un séraphin sous les traits d'un enfant. » Dans tout son maintien respirait « une foi vive et un tendre amour pour Jésus-Christ. » — « Il attirait » sur lui les regards émus de la foule « par sa piété. » Simple, ignorant l'impression qu'il produisait, il allait et venait autour de l'autel, comme l'eût fait un ange, avec un sérieux tout aimable, une aisance qui annonçait combien il était fait pour la beauté de ces fonctions. Il répondait aux prières du prêtre d'un ton de voix doucement accentué et très pieux.

Le jeune enfant de chœur profita de ses entrées plus libres dans l'église pour satisfaire sa dévotion. On l'apercevait souvent, en dehors des offices, à genoux près de l'autel de la Sainte Vierge. Il paraît que la divine Mère l'attirait ; et, en tout cas, lui avait toujours beaucoup à dire à la divine Mère ; il contracta dès lors, jusqu'à son dernier soupir, la touchante habitude de ne se retirer qu'avec grand'peine de ses pieds sacrés. C'était une effusion de sentiments naïfs de son côté, et de grâces du côté de la Sainte Vierge ; toutes choses d'une grande beauté, que l'humilité obstinée du vénérable serviteur de Dieu a tenues constamment cachées dans un impénétrable secret. Mais la confiance qu'on lui vit toujours dans ses rapports avec

Marie, sa fidélité assidue auprès d'elle, et les émotions de toute nature éprouvées dans ces confidences intimes, et qu'il ne réussissait pas toujours à dérober au dehors, tout cela indique quels doux liens les attachaient l'un à l'autre.

Tout ce qui, au reste, charme, console et soutient la piété catholique : les anges, les saints, les âmes du purgatoire, avait une grande place dans la vie de Jean-Baptiste; et on assure, à ce propos, que dès l'époque où nous sommes il visitait souvent le tombeau de saint Rémi.

Jean-Baptiste voyait arriver le temps de commencer ses études. On était en 1660 : l'enfant avait neuf ans. M. et Mme de la Salle se décidèrent à le mettre à l'Université de Reims. Il y entra comme externe, et demeura ainsi auprès de sa famille. Rien ne fut changé, au fond, à ses habitudes. Toutefois, il fut nécessairement mêlé aux autres enfants qui étudiaient avec lui. Or la vie, auprès d'un essaim de camarades de caractères si différents, n'est pas sans épines;

et les froissements, dans ce milieu turbulent et si mobile, sont choses fréquentes. Jean-Baptiste supporta tout près bravement, selon que le racontent plusieurs biographes, qu'on aime à voir relever naïvement ce détail. Il est certain que, bon, affectueux, d'une humeur toujours égale, plein de prévenance, il eut bientôt fait de conquérir tous les cœurs. Quant aux études, l'enfant y apporta la docilité, l'intelligence, l'application qui le caractérisaient. Il s'agissait surtout pour lui en cela de plaire à Dieu. Ce motif donne un ressort infini aux actes. Les succès ne se firent pas attendre. Ses maîtres en furent frappés ; mais le caractère de l'enfant, qui déjà s'annonçait si ferme et si doux à la fois, les toucha bien davantage ; et le nom de Jean-Baptiste fut bientôt agréablement connu de M. Dozet et de M. Mercier, l'un chancelier, l'autre recteur de l'Université.

Plusieurs années s'écoulèrent ainsi. C'est durant ce laps de temps qu'il faut placer sa première communion. Un seul de ses biographes (1) nous en parle, et nous dit qu'il « y fut comblé de bénédictions. » Quoi qu'il en soit de cette indication trop brève, la Sainte Vierge, on peut le croire, prit part avec un vif et tendre intérêt à la fête où pour la première fois son enfant privilégié recevait la divine Eucharistie ; et comme, d'un autre côté, la substance de ce grand acte est l'union de l'âme avec Dieu, il dut être énergiquement stipulé par Jean-Baptiste que cette union était pour jamais ; et ce mot du pieux Blain : « Il ne connaissait pas d'autre mal que celui de déplaire au Seigneur, » fut consacré alors pour exprimer avec vérité dans toute la suite de sa vie la substance de ses sentiments. Jean-Baptiste apporta à la table des anges l'innocence de son baptême.

La première communion a un écho : c'est la vocation. Après la naissance de Jean-Baptiste M. et Mme de la Salle avaient vu peu à peu avec

______

(1) Fr. Lucard.

joie leur foyer se peupler; Louis, Pierre et deux charmantes filles grandissaient autour d'eux, et Dieu leur en destinait encore d'autres. Jean-Baptiste, en sa qualité d'aîné, devait être

Première communion
de Jean-Baptiste de la Salle.

le chef de cette famille, en soutenir l'honneur et embrasser la carrière de son père. On croyait que cela allait marcher de soi; et les espérances que donnait cet enfant à son père et à sa mère étaient bien faites pour les entretenir dans leurs agréables pensées. Cependant Jésus, à ses heures, parlait doucement à Jean-Baptiste, et lui faisait sentir qu'il le voulait intimement à lui. Il est bien probable que l'enfant trouvait les sollicitations divines naturelles, et il ne lui vint sans doute jamais l'idée de penser qu'il était pour d'autres que pour le Seigneur. On peut être assuré que quand il vit clairement sa place marquée par le ciel dans le sanctuaire, son émotion fut ineffable, et que jamais plus gai et plus gracieux accueil ne fut fait à l'appel divin.

Il ne lui restait plus que de déclarer à sa famille la volonté de Dieu. Sachant bien que par là les plans de son père et de sa mère allaient être renversés, il demanda à la Sainte Vierge d'arranger toute chose, et, avec une délicatesse de cœur exquise et une attendrissante humilité, il fit savoir à ses chers parents que Dieu leur accordait une grâce immense et leur demandait un grand sacrifice. M. et Mme de la Salle comprirent aussitôt. Par leurs soins attentifs à développer dans son âme l'amour divin, ils avaient à leur insu préparé ce dénoue ment. Ce n'étaient pas eux qui eussent voulu disputer à Dieu leur fils bien-aimé. Brisés, leur premier mouvement fut cependant de dire spontanément l'un et l'autre : Dieu le veut à lui, nous le lui cédons. Ils considéraient, au reste, que sa vocation, comme le dit le pieux Blain, « était écrité sur son front, dès le berceau, et devenue si sensible dans toute sa conduite qu'ils ne pouvaient la contredire sans s'opposer aux ordres du Ciel. »

L'assentiment de ses parents rendit Jean-Baptiste bien heureux; et « sa joie éclata, nous dit le P. Garreau ; jamais on ne l'avait vu si content. »

A cette époque, ceux qui se destinaient au service du saint autel recevaient de bonne heure la tonsure. Jean-Baptiste demanda avec empressement la couronne cléricale. Le 11 mars 1662, dans la chapelle de l'archevêché de

Reims, ses cheveux tombaient sous les ciseaux sacrés, et il recevait en même temps le blanc surplis, symbole de la vie innocente qu'il faut mener dans l'Église de Dieu. Mgr Jean de Maltrau, évêque d'Olonne et suffragant de Clermont, fit la sainte cérémonie.

« La piété, dit son vieux biographe, la modestie, l'innocence des mœurs parurent » alors « en lui avec plus d'éclat qu'auparavant. » On vit en lui « un zèle plus ardent pour les fonctions » sacrées, « un attrait plus sensible pour le service des autels, un amour plus constant pour la prière, une assiduité » de plus en plus « édifiante à l'office divin. Et son attrait pour chanter les louanges de Dieu prit chaque jour de nouveaux accroissements. » Tous les autres historiens s'expriment ici comme M. Blain.

Il en fut de même pour ses études, qui prirent dès lors un essor nouveau ; il redoubla d'application ; ses progrès s'accentuèrent. C'était pour ses maîtres un plaisir de le voir mettre en œuvre avec une étonnante énergie de volonté toutes les ressources naturelles de son esprit : vivacité d'intelligence, bon sens supérieur, raison solide. Des certificats, dont on a conservé des originaux, attestent qu'il devint en peu d'années un des élèves les plus distingués de l'Université. L'amabilité qu'on avait remarquée à son entrée au collège ne la quitta pas un seul instant, et elle lui fit pardonner tous les succès.

Cependant Jean-Baptiste atteignait l'âge de l'adolescence. C'est un des plus grands moments où Dieu attend l'homme. Dans son enfance, il l'orne de grâces plus ou moins privilégiées ; ces grâces, il les développe lui-même doucement de sa main, faisant alors presque tout, en attendant que l'heure vienne où l'enfant, assez fort, puisse prendre la suite de cette adorable culture et la conduire à son compte et à ses frais. Jean-Baptiste entendit sonner pour lui cette heure, et Dieu lui fit aussitôt la grâce de comprendre vivement que tous les dons qu'il avait mis en lui n'y pourraient désormais demeurer, et n'y pourraient s'accroître qu'au prix de l'effort, et en payant chèrement de sa personne. Le vaillant jeune homme fut heureux de cela, et se mit à l'œuvre. La sérénité angélique de la vie de son enfance va demeurer à la surface ; mais au fond c'est la lutte courageuse qu'il livrera sans trève, n'attendant pas même de se voir attaqué par le mal, mais prenant une vigoureuse offensive. Il inaugura le saint combat par « une vigilance exacte à examiner tous les mouvements de son cœur », nous dit le pieux Blain, par « une force supérieure à étouffer dans leur naissance jusqu'aux moindres saillies de l'humeur », par « une fidélité constante à ne finir un combat si long et si rude qu'après une entière victoire. » Et cette lutte magnifique, il la soutint au moyen de l'amour de Dieu, de la prière, de l'humilité.

Un point surtout attira l'attention du vertueux Jean-Baptiste, et le souvenir de ce qu'il fit était trop beau pour qu'on ne l'ait pas conservé. Voici ce qui est raconté à ce sujet.

Jusqu'ici l'innocence avait fleuri dans son âme sans lui demander, en échange des joies neffables qu'elle procure, aucune culture laborieuse. Jean-Baptiste avait-il même eu jusqu'à ce moment conscience de son angélique pureté? Ceux qui voyaient ce regard limpide, cette sérénité des traits, cet air de fête invariablement répandu sur sa physionomie à quelque heure que ce fût; jusqu'à cette fraîcheur du teint, et cette démarche où perçait, en dépit de l'enfance, une dignité imposante, ceux qui avaient tout cela sous les yeux savaient à quoi s'en tenir. Mais l'enfant, en vérité, jouissait de son trésor sans le connaître; et s'il avait évité ce qui était de nature à porter l'atteinte la plus légère à son innocence, mettant à ce soin une délicatesse exquise, ce n'avait été que par cette sorte d'instinct céleste que possèdent tous ceux à qui Dieu accorde dans un degré insigne la vertu angélique.

Mais pour ces privilégiés, ainsi que pour tout le monde, vient un moment où, comme dit le grave Blain, « il est plus aisé de mourir pour la chasteté que de vivre toujours avec elle. » La vigilance et la lutte deviennent donc absolument nécessaires. Jean-Baptiste, arrivé à ce moment, comprit cela à merveille, et sentit en même temps qu'il ne pouvait rien défendre de plus précieux ici-bas ; et, la résistance inflexible ne la rassurant pas, il eut recours aux pénitences. Nous le voyons avec des fouets sanglants commencer à déchirer sa chair. Son vieux biographe prend nettement son parti contre ceux que cette admirable cruauté révolterait, et dit qu'en effet « il faut semer dans le chemin qui conduit à la sensualité les épines de la pénitence. » Si le lecteur aime mieux qu'on voile pour le moment du moins ses instruments de flagellation, rien n'est plus facile à faire, d'autant mieux que le courageux jeune homme a pris un soin extrême de tenir cela sous le secret. Mais tout le monde au moins lui pardonnera ses sollicitudes et ses larmes, et n'y trouvera pas à redire, car, comme le dit l'historien cité tout à l'heure : « Il faut, » à tout le moins, « qu'il en coûte du sang à l'âme..., et que le cœur se déchire souvent avant qu'il réussisse à éteindre les instincts » des sens.

Tant d'innocence, dont il attribua toujours la conservation à la Sainte Vierge, donnait à ses seize ans une fraîcheur et une beauté singulière, et relevait son air déjà si noble et si gracieux par lui-même. « Parce qu'il participait à la pureté des esprits célestes, » son vieux biographe nous l'assure, « il semblait en avoir tous les charmes. » Il en avait, au dire de tout le monde, l'exquise amabilité. La précieuse vertu mettait aussi des clartés dans son intelligence. Il saisissait merveilleusement les beautés scientifiques et littéraires, et appréciait avec une hauteur de vue et un bon sens pratique qu'on ne trouve guère à cet âge les faits de l'histoire. Son admiration était d'ailleurs facilement émue en présence des grands hommes et des nobles actions dont le souvenir nous a été conservé.

Enfin tout son caractère se ressent de l'influence de la vertu angélique, et prend une virilité précoce, une suave fermeté, une générosité, une élévation qui annoncent un grand homme.

M. Dozet, chancelier de l'Université et en même temps chanoine de la métropole, avait depuis sept ans Jean-Baptiste sous les yeux. Par lui-même, dans le collège, il avait pu constater la vérité de tout le bien qu'on disait du jeune de la Salle. En fait, le chanoine concevait de lui de grandes espérances. Sentant la mort approcher, ce bon vieillard, qui portait depuis cinquante et un ans l'aumusse, se disait : Je mettrai cet enfant à ma place ; c'est lui qui me

succédera au chœur. Et cette pensée le conso-
lait. Parent, au reste, de la famille, il s'ouvrit
à elle de son dessein de se démettre du canonicat en faveur de Jean-Baptiste. Le moins
satisfait de cette combinaison pourtant flatteuse
fut celui qui en était l'objet ; car déjà l'humilité et le détachement des honneurs avaient
profondément touché son cœur. Mais la défiance
de lui-même et la pente prononcée qu'il avait à
l'obéissance le portèrent à accepter.

A propos de cette circonstance, il faut signaler un travail profond qui commence à se
faire dans l'âme du jeune de la Salle. De bonne
heure il comprit que, parmi toutes les choses
qu'il est beau d'immoler à Dieu, la volonté
propre tient le premier rang. Tous les dépouil-
lements possibles passent après celui-là. Son
attention insensiblement se portait donc sur ce
point. Il pensait en lui-même qu'il ne ferait que
peu de chose tant qu'il n'aurait pas détruit cette
volonté propre, pour établir sur ses ruines

l'adorable volonté de Dieu. Ne vouloir rien de lui-même, pour être plus souple à embrasser la divine volonté, voilà ce qui lui souriait avant toute chose ; et quand il trouvait l'occasion d'appliquer ce principe si cher et si doux à son cœur, il ne manquait pas de la saisir. C'est pourquoi croyant voir pour ce canonicat la volonté de Dieu, et ses supérieurs lui ayant dit que réellement il en était ainsi, le 9 juillet 1666, Jean-Baptiste se laissa nommer à la vingt et unième prébende, en remplacement de M. Dozet.

Le chapitre de Reims était un des plus illustres de cette époque. Ce corps vénérable se composait de cinquante-six chanoines, de soixante et un chapelains chargés de l'acquit des fondations, de quatre prêtres et de quatre sacristains. A sa tête on voyait huit dignitaires : un grand archidiacre, l'archidiacre de Champagne, un prévôt, un doyen, un chantre, un trésorier, un vidame et un écolâtre. A la date de 1789, de ses rangs étaient sortis trente et un évêques, dont vingt occupèrent le siège de Reims ; vingt et un portèrent la pourpre cardinalice ; quatre furent couronnés de la tiare. Personne n'a oublié que saint Bruno fut aussi chanoine de Reims.

Le 17 janvier 1667 eut lieu l'installation de M. de la Salle au milieu de ses collègues. On le vit s'avancer dans le chœur avec le grand camail violet bordé d'hermine ; c'était le costume d'hiver. Sa modestie, sa piété l'y accompagnèrent, et donnèrent à sa vive jeunesse un air de gravité et je ne sais quelle dignité qui fut très remarquée. M. Dozet lui dit : « Mon petit cousin, souvenez-vous qu'un chanoine doit être comme un chartreux, et passer sa vie dans la solitude et la retraite. » Nulles paroles ne pouvaient être mieux du goût du pieux jeune homme que celles-là. M. Dozet, persuadé qu'il avait donné au chapitre de Reims une perle de grand prix mourut tranquille l'année d'après.

CHAPITRE IV

Comment Jean-Baptiste envisage sa nouvelle position. — Le jeune chanoine au chœur. — Il est promu aux ordres mineurs. — Sa vie tout en Dieu. — Importance qu'il attache à l'étude. — Il est reçu maître ès arts. — Son départ pour Paris. — Le séminaire de Saint-Sulpice. — Culture de la vertu et des sciences sacrées. — Au milieu des hommes éminents qu'il a pour maîtres, tels que M. Tronson, et des élèves distingués qu'il a pour condisciples, tels que Fénelon, il laisse une trace remarquable. — Sa mère meurt, et, bientôt après, son père.

Dans un âge si peu avancé, Jean-Baptiste, par sa position de chanoine, se voyait complètement maître de sa personne. Pour vivre et tenir son rang, il pouvait se passer en quelque sorte de sa famille; l'existence lui devenait, s'il l'eût voulu, plus aisée; les durs travaux de la science, qu'il faut entreprendre pour arriver à un poste honorable, n'étaient plus si nécessaires, puisqu'il se voyait fort bien établi désormais, et que, à l'ombre d'un riche bénéfice, rien ne l'empêchait de couler d'assez heureux jours.

Il est clair qu'avec son noble caractère Jean-Baptiste de la Salle ne s'était pas fait un pareil idéal de félicité. S'il n'avait plus besoin de ses parents pour vivre, il lui fallait, pour être heureux, en être aimé et leur obéir. M. et Mme de la Salle le virent donc plus soumis que jamais à leur douce autorité, et le brillant chanoine de la métropole continuait d'être à leur égard simple et candide comme un enfant. C'était avec un respect infini qu'il entendait son père lui parler de ses devoirs; et il donnait toujours à sa mère le droit de disposer de ses démarches, lui rendant compte, comme par le passé, de toutes ses actions. Ainsi, le premier usage qu'il fit de son indépendance fut de resserrer les liens sacrés d'étroite et si filiale soumission qui l'attachaient à ses parents.

Par un mot on comprendra ce que les fonctions de chanoine eurent pour lui d'attrait, et avec quels sentiments de foi il les remplit : au chœur, M. de la Salle trouvait Dieu. Quand on se rappelle avec quel goût, depuis sa toute petite enfance jusqu'ici, il l'avait recherché, souriant à son nom dans son berceau, caressant sa sainte image dans les mains de sa mère, voulant toujours être près de lui à l'autel, chantant de sa voix fraîche et enfantine les délices de son amour; prenant, à cause de lui et pour lui plaire, tant de peine à l'étude; et cultivant, pour le seul bonheur de voir ce grand Dieu de ce regard spécial qui va jusqu'au fond de sa beauté, cultivant, disons-nous, au prix de son sang la vertu réservée qui donne ce privilège : *Beati mundo corde, quoniam ipsi Deum videbunt;* quand on se rappelle ces choses, on conjecture facilement comment il s'acquitta de la fondation sacrée de chanter, par office, au nom de l'Église et du peuple chrétien, les louanges d'un Dieu qui était tout pour lui.

« Consacré par état à la prière publique, nous dit M. Blain, il s'attachait à remplir le plus parfaitement possible un devoir si cher à sa piété. Recueilli, rentré en lui-même, il ne pensait qu'à celui qu'il venait louer et glorifier ; en faisant la fonction des anges, il en imitait la modestie, la révérence, » la dévotion. Son esprit de foi éclatait dans ses signes de croix, ses génuflexions et jusque dans les moindres cérémonies. Il était en outre d'une assiduité remarquable à l'office. « Par tout cela, dit le P. Garreau, il causait beaucoup de bonheur aux chanoines, et bien de l'admiration. » Le chapitre aimait à proclamer toute l'édification qu'il en recevait.

Le 17 mars 1668, M. le chanoine de la Salle alla à Soissons recevoir les ordres mineurs des mains de Mgr Charles de Bourlon. Le cardinal Barberini, nommé archevêque de Reims, venait enfin de recevoir ses bulles, mais n'avait pas encore pris possession de son siège. Jean-

Baptiste revint avec le désir ardent d'une vie plus parfaite.

On le voit s'appliquer au recueillement, à la vie intérieure. Il ne paraît dans le monde que pour remplir les bienséances ; et chaque fois qu'il y met le pied, c'est pour faire regretter à ceux que son amabilité ravit toujours qu'il enfouisse trop dans la retraite cet esprit, cette distinction dont le Ciel l'a si brillamment doué. Il est certain qu'il avait tout cela, et en plus une humilité charmante qui achevait de le rendre séduisant.

Moyennant cette vie éloignée du monde, M. de la Salle pouvait continuer de donner à ses études de longues heures d'assiduité. Cet homme fit toujours du savoir le plus grand cas, non pas dans ce sens qu'il est pour l'esprit un élément de jouissance, ou un hochet d'or pour l'orgueil ; non, ce côté moins noble de la science n'avait pas ses sympathies ; il la voyait sous un aspect plus élevé, c'est-à-dire comme un précieux

auxiliaire du bien et de l'apostolat des âmes.
Plus tard, devenu un athlète puissant, c'est lui
qui poussera ce cri, qui vibre encore à travers
deux siècles : Appuyés sur la croix du Christ,
nous faisons la guerre à l'ignorance! En ce
moment, il se sent obligé à acquérir la science,
parce que, élevé dans la hiérarchie, il doit être
supérieur aux simples prêtres par le savoir.
Saint Charles, disait-il, ne choisissait ses chanoines que parmi les hommes qui avaient subi
avec honneur l'épreuve du doctorat. Et il aimait
à voir le concile de Trente demander que le
chapitre des églises cathédrales fût composé
pour les deux tiers de docteurs. Il est souhai-
table, en effet, que la science vivifie dans une
mesure large et profonde le sacerdoce tout entier; et les saints ont toujours été les premiers
à formuler ce vœu. Eux, en déclarant que pour
l'œuvre du salut des âmes la piété seule ne suffit
pas, ne peuvent être suspects; et les accents de
sainte Thérèse, appelant si vivement la science

au secours de la vertu dans le prêtre sous peine
d'inconvénients douloureux, devraient faire
comprendre que l'Église est la première à préconiser ce flambeau, et que, loin de le redouter

Jean-Baptiste de la Salle est reçu chanoine.

pour ses ministres, elle ne demande qu'à en
voir briller vivement en eux la flamme pure.
C'est ainsi que pensait M. de la Salle. Pour ces
raisons, il attachait à l'étude une idée sacrée,

comme à la prière. Il y donna un soin véritablement religieux, et, l'année qui suivit son
admission aux ordres mineurs, il obtint le grade
de maître ès-arts. Le recteur de l'Université de
Reims, Henri Esnard, nous dit un des biographes, M. Salvan, déclara dans l'attestation datée
de 1669 que le jeune de la Salle subit l'examen
préalable avec la plus grande distinction. On
remarquera que ce grade était le couronnement
de ses humanités, qu'il venait de terminer. C'est
le baccalauréat de notre temps.

L'importance majeure que M. de la Salle
attachait aux fortes études l'amena dès lors à
penser à se rendre à Paris pour y faire sa théologie. La famille de la Salle goûtait fort, au
reste, l'idée de le voir étudier dans une ville où
les écoles avaient un si grand renom. Jean-Baptiste prendrait à la Sorbonne la licence et y
recevrait le bonnet de docteur. Ce n'est pas que
l'Université de Reims n'eût point une brillante
Faculté de théologie; mais Paris étant le rendez-

vous des esprits les plus distingués, dans ce centre la science se trouvait avoir plus d'éclat que partout ailleurs.

Fidèle à ne vouloir faire que ce qui était dans les desseins de Dieu, M. de la Salle eut recours à la prière. Le projet de ses parents lui parut conforme à la divine volonté. Il demanda, comme toujours, à son confesseur s'il ne se trompait pas en considérant son dessein comme agréable à Dieu. Le sage directeur, touché de ces vues si pures et si élevées, lui dit : « Dieu sera content. » Alors la question fut tranchée.

Restait à faire le choix de la maison où il résiderait à Paris. Trois établissements attiraient son attention : le séminaire de Saint-Nicolas-du-Chardonnet, plein du souvenir de M. Bourdoise ; celui des Bons-Enfants, tout imprégné du parfum de saint Vincent de Paul, et celui de Saint-Sulpice, « qu'on appelait déjà alors le sanctuaire du véritable esprit sacerdotal (1), »

(1) Salvan.

où avait vécu M. Olier, l'un des plus saints personnages du xviie siècle.

Jean-Baptiste de la Salle, avec l'assentiment
de ses parents, se décida pour Saint-Sulpice, et
il partit le 16 ou le 17 octobre de l'année 1670.
C'était la première fois qu'il quittait sa famille.
Ce qu'il y eut de touchant dans ses adieux à
son père et à sa mère est facile à concevoir. Il
devait à leur tendresse et à leur piété les jours
si purs qu'il avait passés jusqu'ici sur la terre ; et
si Dieu occupait tout son cœur, eux y avaient
beaucoup contribué.

Il serait difficile d'exprimer ce que le sentiment
de ces choses ajoute de fraîcheur et de sensibilité à la piété filiale. Les larmes durent couler.
Quand on se quitte, on ne sait si l'on se reverra
jamais, appréhension douloureuse que l'on s'em-
presse de changer en une douce espérance en la
mettant entre les mains de Dieu. C'est ce que
firent le père, la mère et le noble enfant. Ceux
qui savent ce qui va bientôt arriver ne peuvent

sans doute se défendre de l'émotion en voyant ces adieux. Jean-Baptiste eut aussi pour ses quatre frères et ses deux sœurs d'attendrissantes paroles.

Sur le registre constatant l'admission des élèves au séminaire de Saint-Sulpice, à la date du 18 octobre 1670, on lit ces lignes : « Jean-Baptiste de la Salle, acolyte et chanoine de Reims. » Nous avons ainsi le jour précis de son entrée dans cette maison.

Il y trouva M. Tronson, qui était alors un oracle pour le clergé, et dont l'influence se fait sentir encore; M. Baüyn, homme d'oraison et de haute vertu, « très éclairé dans les voies de Dieu (1), » qui reproduisait dans sa vie profondément humble les grandes pénitences anachorètes, « ayant le cœur toujours hérissé de haires et de chaînes de fer (2). » M. de Bretonvilliers était le supérieur du séminaire. Parmi les autres ecclésiastiques distingués placés à la tête

(1) P. Garreau.
(2) Salvan.

des élèves, on remarquait encore M. Lechassier et M. Baudrand, qui devint plus tard curé de Saint-Sulpice.

Autour de ces hommes de si grande valeur était groupée l'élite de la jeunesse française. On remarquait entre autres le jeune Jean-Claude de Vertrieu, de Montdidier, qui fut chanoine de Saint-Jean de Lyon, puis évêque de Poitiers ; Paul Godet des Marais, qui devint évêque de Chartres ; M. Deshayes, M. Merrey, dont l'un fut curé de Saint-Sauveur à Rouen, l'autre chanoine de Nîmes ; enfin le jeune Fénelon, qui faisait sa dernière année de séminaire.

Jean-Baptiste de la Salle, dans un milieu aussi choisi, eut beau demander à l'humilité ses douces ombres et vouloir à tout prix s'effacer, sa modestie exquise lui donna aussitôt un lustre. On ne tarda pas à concevoir une haute estime de lui. Ses condisciples admiraient surtout la bonté simple, l'affabilité prévenante du jeune chanoine, la douceur de son naturel. Toutefois, il faut le dire, son invincible goût pour la vie cachée en Dieu, et le soin qu'il mit toujours à dérober aux regards des hommes tout indice des talents et des vertus qu'il possédait, firent que les maîtres, aussi bien que les élèves, ne connurent complètement ce qu'il valait que quand plus tard l'œuvre à laquelle est attaché son nom le révéla.

Cependant M. Tronson et M. Baüyn, ses deux directeurs spirituels, en avaient bien quelque idée, et ils sentaient une grande inclination pour lui. M. Baüyn, cet homme héroïque en humilité et en mortification, le voyait avec une consolation incroyable entrer dans ces voies qui lui étaient si chères à lui-même. Les disciplines et les cilices n'étaient pas choses étrangères au jeune chanoine; il ne s'agissait que de les lui faire aimer davantage, tâche facile en vérité. Et quant à l'autre point, M. Baüyn voyait bien que, comme lui, son pénitent avait un attrait extraordinaire pour l'humilité. Il lui donnait de précieuses pratiques de cette vertu. Enfin, le goût inné de M. de la Salle pour la prière frappa vivement l'habile directeur. Il s'aperçut vite que cette âme privilégiée avait été toute sa vie avec Dieu dans une intimité merveilleuse ; et son soin fut de favoriser des rapports si sacrés et si touchants. Jean-Baptiste de la Salle avait la consolation de trouver la direction verbale de ce saint homme admirablement écrite dans sa vie et dans chacun de ses actes. A Saint-Sulpice déjà les actions des maîtres n'étaient que le commentaire pur et simple des principes formulés par leur bouche.

Une petite remarque fine des biographes nous remémore que le monde laisse sa poussière sur ceux qui vivent au milieu de lui, quoi qu'ils fassent pour s'en défendre ; et l'un d'eux nous dit que Jean-Baptiste, aussitôt arrivé au séminaire, « se dépouilla de ce qu'il avait pu avoir contracté malgré lui des airs et des habitudes du monde. »

Le développement des germes, la pousse des feuilles, l'épanouissement de fleurs se fait dans le plus profond silence de la nature; la science se développe et fructifie dans notre esprit avec non moins de mystères, et sans faire le plus petit bruit. Voilà pourquoi nous n'avons rien à signaler sur la vie studieuse de M. de la Salle au séminaire de Saint-Sulpice. Il suffira qu'on se le représente feuilletant religieusement l'Écriture Sainte et les Pères, démêlant avec patience les difficultés théologiques, consultant ses maîtres, et mettant par écrit les choses précieuses dont il doit garder le souvenir.

C'est ainsi que, laborieux dans le but de se rendre utile à l'Église, uni à Dieu, modeste, d'une obéissance d'enfant, singulièrement aimable à tout le monde, il se préparait par une vie sainte à entrer dans les ordres sacrés.

Un jour, une nouvelle lui arrive de Reims : c'est de sa mère qu'il s'agit; on lui écrit qu'elle est morte. C'était bien un adieu pour toujours qu'il lui avait dit neuf mois auparavant en l'embrassant, pleine de santé pourtant alors. Il en éprouva une peine profonde. Tant de souvenirs d'une incomparable douceur s'attachaient pour lui à cet être bien-aimé ! La Sainte Vierge fut surtout la confidente de ses larmes. Le premier mouvement du pieux jeune homme fut de la supplier de s'occuper de sa mère dans le purgatoire, et de faire qu'elle fût au plus vite portée par les anges dans le royaume éternel. Puis, pensant à lui-même, il dit à la Mère de Dieu qu'elle seule pouvait remplacer celle qui venait d'être ravie à sa tendresse ; qu'il comptait qu'elle le ferait, et qu'elle lui permettrait de s'attacher à elle plus que jamais. Ce fut le 20 juillet 1671 que Mme de la Salle expira, « laissant tomber de ses lèvres, nous dit un biographe (1), une dernière prière pour ses enfants. »

M. de la Salle, au séminaire de Saint-Sulpice, se trouvait de plus en plus dans son élément.

(1) Fr. Lucard.

« Sous la pluie de grâces qui inondait la sainte maison (1), » il sentait l'amour de Dieu se fortifier singulièrement dans son cœur, en même temps que le désir de tout faire pour lui. Avec un bonheur de jour en jour plus grand, il s'attachait à la règle, humble et joyeux dans l'obéissance, se livrait à l'étude des textes sacrés, et s'appliquait, par son anémité et son doux enjouement, à être agréable à ses condisciples. En outre, tout ce qui lui fournissait l'occasion de se vaincre le réjouissait.

Malgré sa modestie qui était loin de le pousser à se mettre en avant, nous le voyons en ce moment s'occuper sans bruit d'une œuvre qui paraît lui être chère. Il existait, répandue par toute la France, une association de prières adressées à saint Joseph dans le but d'obtenir du ciel un remède au mal profond qui, à cette époque, désolait notre pays. Les enfants du peuple, n'ayant que des écoles en grande partie

(1) Blain.

méprisées ou délaissées, languissaient tristement dans une ignorance désastreuse, source honteuse de corruption et de désordre. Des tentatives de toutes sortes avaient été faites pour porter avec la lumière, dans ces classes déshéritées, l'honnêteté des mœurs, l'amour du travail et le bien-être qui en découle. Tant de difficultés avaient entravé ces essais d'un zèle cependant bien digne du succès, qu'on ne voyait la réalisation d'un bien si nécessaire que par l'intervention divine. M. Bourdoise avait été le fondateur de cette association de personnes qui, mettant l'ignorance du peuple au nombre des calamités publiques, avaient constamment les mains levées vers le ciel pour qu'un homme suscité d'en haut parût et fît enfin ce qu'on n'avait pu jusqu'alors exécuter.

Cette association, où respirait un si vif souffle de foi, était établie au séminaire de Saint-Sulpice, et M. de la Salle avait eu hâte de demander d'y être agrégé. Peu à peu, dans la suite, il en devint l'apôtre, et chercha à y enrôler ceux de ses amis qui n'en faisaient pas partie.

C'est à quoi il s'appliquait, *lui qui était le présent du ciel demandé par tant de prières,*

lorsqu'un nouveau coup douloureux vint le frapper dans ses affections. Le jeune chanoine avait tout fait pour consoler son père par de tendres et religieuses lettres du vide irréparable qu'avait produit dans la maison le départ au ciel de Mme de la Salle. Il savait que le vénérable magistrat puisait dans sa foi un grand courage pour continuer aux enfants qu'il avait près de lui les soins de leur mère tant regrettée. Voilà qu'un jour encore on vient lui annoncer la mort de ce père chéri. C'était le 2 avril 1672.

Cette double perte, en moins de neuf mois de distance, le brisa. La pure et sainte affection qu'il portait à l'un et à l'autre avait de trop vives racines dans son âme si sensible. « Il est aisé de comprendre, » dit ici le pieux Blain, « ce qui se passa dans une âme si bien née, dans un homme d'un si bon naturel. » Ses condisciples se montrèrent plein de respect et de sympathie pour la douleur dans laquelle ils le voyaient plongé, et les directeurs de Saint-Sulpice lui prodiguèrent des consolations tout empreintes de piété et de délicatesse de cœur. Mais à Dieu était naturellement réservé le meilleur de cette œuvre de consolation ; Jean-Baptiste le savait, et c'est surtout à lui qu'il s'adressa pour essuyer ses larmes. On le vit aussi, dans ces premiers jours où la douleur est plus sensible, venir souvent aux pieds de la Sainte Vierge, et son attitude montrait que réellement la divine Mère entrait dans ses peines et versait du baume sur sa blessure.

CHAPITRE V

Le jeune de la Salle examine une dernière fois l'affaire de sa
vocation. — Il se rend à Reims pour consoler ses frères et
ses sœurs désolés. — Regrets qu'il laisse au séminaire. —
Le soin de sa famille retombe sur lui. — Il ne peut retourner
à Saint-Sulpice. — M. le chanoine Rolland. — Après deux
mois de séjour à Reims, M. de la Salle est ordonné sous-
diacre. — Sa sollicitude pour ses frères. — Ordre admirable
qu'il fait régner dans sa maison. — Il reprend à Reims ses
études de théologie. — Sa tenue dans le monde.

Une chose distinguait déjà M. de la Salle,
ainsi qu'on a pu l'observer plus haut : c'était le
désir de faire uniquement la volonté de Dieu. De
là une attention toujours extrêmement délicate
pour arriver à la connaître; il y aspirait de
toute son âme, et dans ce but on peut dire qu'il
était tout yeux et tout ouïe pour saisir le moindre
signe providentiel. Mais avant que cette adorable
volonté le mette décidément en mouvement, on

le voyait attendre que le sceau de l'autorité des supérieurs y fût apposé. Cela fait, il agissait, et les sacrifices de toute nature semblaient n'être qu'un jeu pour sa générosité. Voilà une des qualités maîtresses de M. de la Salle. Elle avait déjà commencé à se manifester dans le jeune chanoine ; elle grandira chaque jour, et c'est à elle qu'il faut attribuer, plus encore qu'à son génie, l'œuvre immense qu'il a conduite à bonne fin au milieu d'obstacles inouïs.

En ce moment, ce qu'il veut savoir de Dieu, c'est le dernier mot sur sa vocation. Le Seigneur vient de lui prendre son père et sa mère ; ses frères et ses sœurs n'ont plus d'appui ; lui est à deux pas de l'engagement solennel qui le fixera irrévocablement dans le sanctuaire. Par toutes les fibres de son cœur il tient à l'autel, la seule chose qui, du plus loin qu'il se souvienne ait eu pour lui d'invincibles préférences. Dieu lui demande-t-il de sacrifier toutes les ineffables espérances d'un passé qui va jusqu'à son berceau ?

Veut-il qu'il remplisse la fonction de père auprès de sa famille orpheline désormais ; qu'il prenne une carrière où, en qualité de fils aîné, il devra soutenir le nom de son père et l'honneur de sa maison ? Qu'est-ce que Dieu demande de lui ? Voilà ce qui le préoccupe. Sous l'impression de la mort de ses parents, il fit une retraite, établit dans son âme la disposition qui est par excellence le gage du choix pur de la volonté de Dieu, nous voulons dire la sainte indifférence par laquelle on ne veut rien ; on ne préfère ni ceci ni cela ; mais ce que Dieu voudra, voilà ce qu'on est résolu de vouloir. Il supplia le Seigneur de se déclarer, demanda l'aide de ses directeurs, et vit clairement qu'il n'était pas destiné à autre chose qu'au sacerdoce. Il ratifia donc avec un bonheur indicible cette consécration qu'il avait faite de lui-même à Dieu dès son enfance.

« Comme c'était son cœur qui avait fait ce choix de si bonne heure, nous dit le pieux Blain ; comme c'était la grâce qui l'avait inspiré ; comme c'était une vocation bien marquée qui l'avait déterminé, » il regarda cette question si grave comme résolue, et pensa à recevoir sans délai le sous-diaconat.

Cependant sa présence à Reims était vivement désirée. Dans leur immense chagrin ses frères et ses sœurs voulaient le voir, et lui-même sentait le besoin de pleurer avec eux des parents si chers. De plus, les affaires de famille restaient à régler, et le jeune chanoine n'était pas sans devoirs à remplir en cette circonstance.

Il dut donc se résoudre à quitter Saint-Sulpice, au moins momentanément. Ses vénérables maîtres le virent partir avec un pieux regret; ses amis l'accompagnèrent de la plus tendre sympathie; et, l'âme remplie des souvenirs que lui laissait une maison où il se sentait si bien dans son centre, où la vertu, la science lui étaient apparues sous un aspect si séduisant, il prit le chemin de sa ville natale, le 19 avril 1672.

On parla beaucoup du jeune chanoine à Saint-Sulpice. Si lui pensait revenir, le séminaire ne partageait guère cette espérance : « C'était notre modèle, » disaient les élèves; « c'était un saint. » D'autres disaient : « Il a été l'exemple de la maison durant les dix-huit mois qu'il l'a habitée. » Tout le monde répétait : « Nous nous félicitions de le posséder, et voilà qu'il nous est ravi. » Cette impression laissée par M. de la Salle restera si vivante au fond des âmes, que dans un grand nombre d'années on la verra, non sans émotion, aussi fraîche qu'aux premiers jours.

Les directeurs de Saint-Sulpice, de leur côté, ne parlaient jamais de lui qu'avec estime et respect. Voici quelques lignes que l'un d'eux, M. Lechassier, a laissé sur lui : « Il fut d'abord fidèle observateur de la règle, exact aux exercices de la communauté. Il parut bientôt après plus éloigné du monde qu'il ne l'avait été en entrant. Sa conversation a toujours été douce et humble. Il n'a jamais paru avoir mécontenté personne ni s'être attiré aucun reproche. » Pour comprendre toute la portée de ceci, il faut savoir que M. Lechassier, comme ses graves et austères collègues, n'était pas prodigue en louanges; et, à ce propos, M. Blain fait cette charmante remarque : « Ceux qui connaissent l'esprit de Saint-Sulpice savent qu'on s'y attache plus à faire des saints qu'à les préconiser. »

La première entrevue de M. de la Salle avec ses frères et ses sœurs fut pleine de larmes; cette maison qu'il avait laissée si heureuse, il la retrouvait, en revenant, dans la désolation ; et ces deux places vides au foyer lui navraient le cœur. Ses frères et ses sœurs, par leur empressement autour de lui et leurs tendres supplications, lui firent comprendre qu'ils comptaient sur son amitié, et que lui devait être leur soutien. Son oncle, M. Fremyn, et tous les membres se sa famille insistèrent sur son devoir de fils aîné. Mais quelque chose de plus pressant que tout cela faisait impression sur son cœur : c'était la recommandation de ce tendre père; avant de mourir, M. de la Salle avait confié à Jean-Baptiste ses pauvres enfants. Il ne pouvait se refuser d'accepter ce legs sacré. Le jeune chanoine pria beaucoup, demanda conseil, et consentit enfin à ce que le principal poids de la responsabilité paternelle et maternelle reposât sur lui. Fardeau bien lourd! Il avait vingt et un ans ; et c'est à cet âge qu'il devait représenter un père et une mère tels que ceux qui lui avaient été donnés par Dieu. Son humilité s'alarma à la pensée d'une pareille tâche; mais il ne désespéra pas d'arriver à la remplir avec la grâce du Ciel. Par suite de cette charge, il se vit obligé de demeurer à Reims, et de renoncer définitivement à la consolation que lui causait l'espérance de retourner à Saint-Sulpice pour y terminer ses études. Ce ne fut pas pour lui un léger sacrifice.

Ces arrangements de famille, au milieu des

émotions du deuil, lui demandèrent quelques semaines ; et quand tout fut terminé, le jeune chanoine, qui avait déjà repris sa place au chœur, chercha un directeur pour sa conscience. La position grave dans laquelle il se trouvait exigeait qu'il ne donnât sa confiance qu'à un homme de grande prudence et de haute vertu. Ce directeur, en effet, allait avoir à intervenir dans sa promotion au sacerdoce, et par ses conseils dans la conduite d'une maison où il n'y avait plus que des orphelins.

Dieu gardait à Jean-Baptiste un directeur de son choix. C'était M. Rolland, une de ces figures si profondément sympathiques qui portent dans leurs traits l'empreinte du zèle le plus pur pour la gloire de Dieu, avec je ne sais quel air céleste et empressé pour le bien qui annonce un court passage sur la terre. Ce prêtre était le collègue de M. de la Salle, et n'avait que neuf ans de plus que lui. Docteur en Sorbonne, chanoine et théologal, il parlait de Dieu et de nos saints mystères avec beaucoup de charme. Il avait même de l'éloquence. Toutes les bonnes œuvres trouvaient en lui un appui intelligent et dévoué. Le très pieux théologal soignait en ce moment avec une tendresse de père une petite communauté d'institutrices connues sous le nom de Sœurs de l'Enfant-Jésus. C'étaient des religieuses qui tenaient des écoles pour les petites filles du pauvre peuple. M. Rolland possédait toutes les qualités que pouvait rechercher le jeune de la Salle. C'est lui qu'il adopta pour guide.

En s'adressant à cet ecclésiastique, M. de la Salle n'avait en vue que la direction qu'il en recevrait pour se préparer au sacerdoce, et pour s'acquitter dignement de ses devoirs de chef de famille. Le dernier mot sur son avenir lui semblait, au reste, dit. Dans sa position de chanoine, devenu prêtre, il travaillerait à sa sanctification, et s'emploierait aux œuvres de zèle. Mais M. Rolland, tout en lui facilitant par ses conseils chacun de ses devoirs ainsi entendus, devait faire bien plus encore.

Ici l'admiration saisit involontairement, parce que l'on se trouve en face de Dieu, qui commence à mettre la main à une grande œuvre. Au pieux Jean-Baptiste, si soigneusement préparé par sa grâce, il ne montre pas l'institut qu'il s'agit de fonder ; il ne lui en trace ni le plan n les harmonies majestueuses. M. de la Salle, ayant dès le début ce vaste projet dans la tête, et marchant intrépidement à sa réalisation toute sa vie, n'eût pas eu le caractère ordinaire des instruments qui servent à créer les œuvres divines. Il eût eu trop d'importance pour un simple instrument, et la main du Seigneur eût été éclipsée. Aussi Dieu garda pour lui le secret de ce qu'il voulait faire avec cet homme. Peu à peu, sans rien lui dire, il l'engagea dans son dessein, il n'avait absolument besoin que de sa docilité, et, quant à ce point, il pouvait compter sur son serviteur. M. de la Salle s'avança à mesure que

Dieu le poussa, sans trop savoir où il allait, jusqu'au jour où l'Institut, fruit de son héroïque courage, se dessina. A cette époque, l'humble de la Salle sera le premier à être surpris de ce qu'il a fait, et à s'attendrir sur l'action de Dieu, qui a tout conduit. Or M. Rolland était l'ange que le Seigneur mettait sur le chemin de son serviteur pour l'introduire dans l'œuvre que sa haute sagesse voulait exécuter par lui.

Le jeune de la Salle fit de suite connaître à son directeur ses dispositions au sujet du sous-diaconat, et lui apprit ce qui avait été décidé à Saint-Sulpice quelques jours avant son départ. Il voulut, au reste, de nouveau prier, réfléchir avec lui; et, toujours pénétré d'humilité à la pensée du sacerdoce, dont le sous-diaconat est la première étape importante, il attendit l'ordre de M. Rolland pour se déterminer à agir. L'homme de Dieu eut hâte de lui dire d'avancer sans retard.

M. de la Salle était à Reims depuis à peine

deux mois. Comme il n'y avait pas d'ordination
dans cette ville pour la Pentecôte, le jeune
chanoine se rendit à Laon. Il apprit que là non
plus on ne ferait pas d'ordination à cette époque;
c'est ce qui l'obligea à se rendre à Noyon, également sans succès pour le même motif. Alors
il partit pour Cambrai, et le 11 juin 1672, la
veille de la Trinité, il fut ordonné sous-diacre
par Mgr Ladislas Jonnart, archevêque et duc
de cette ville. On voit qu'il y mit de la cons-
tance; c'est ce qu'il fera toujours chaque fois
qu'il reconnaîtra à des signes authentiques
la sainte volonté de Dieu. Ici M. Blain, avec
son onction ordinaire, s'écrie : « De quels trésors
de grâce Dieu enrichit-il une âme si pure ? Les
mémoires ne le disent pas.... Et Jean-Baptiste
a enseveli dans un profond silence tout ce que
le Saint-Esprit opéra ce jour-là dans son
âme. »

M. de la Salle, de retour à Reims, s'occupa
avec activité de sa famille. Il confia ses deux

sœurs à des personnes pieuses et distinguées
pour la continuation de leur éducation, en attendant qu'elles fussent en âge d'entrer dans le
monde. Mais déjà l'une d'elle avait ses pensées

Après la mort de ses parents, Jean-Baptiste de la Salle demande à Dieu ce qu'il doit faire.

au cloître. Elle ne tardera pas à se faire religieuse dans l'abbaye de Saint-Étienne-des-
Dames, de l'ordre des chanoinesses de Saint-
Augustin, à Reims. Son autre sœur était des-
tinée à une belle alliance. Restaient à M. de la

Salle quatre frères, dont Louis, l'aîné, était assez âgé pour l'apprécier et lui être tendrement attaché; les trois autres étaient plus jeunes, et l'aimaient aussi beaucoup. Le chanoine se chargea d'eux tous, et les garda avec lui. Il est probable, et le P. Garreau le dit formellement, qu'il leur donna un précepteur, tout en se réservant le soin de les surveiller et de les conduire.

Il accorda ensuite toute sa sollicitude aux affaires temporelles. Les serviteurs reçurent ses instructions; les dépenses furent réglées, l'hôtel prit un nouvel aspect d'ordre, et les familles habituées à le fréquenter autrefois y revinrent pour témoigner leur estime et leur sympathie au jeune maître de la maison. Comme s'il eût fait cela toute sa vie, M. de la Salle gérait sa belle fortune avec la plus grande aisance, recevant les revenus, et s'entendant surtout merveilleusement à dresser le budget des pauvres. Mais en tout cela il ne mettait aucun orgueil, et consultait les personnes avisées dignes de sa confiance avec l'abandon d'un enfant.

L'esprit de méthode entrait dans son tempérament; en toutes les choses qui viennent d'être dites il le montrait. Mais il en fit surtout preuve alors dans la distribution du temps. A chaque heure du jour il assigna pour tout son monde une occupation particulière, et il ne voulut pas qu'aucun acte fût livré à la fantaisie. A cette condition, la vie n'est pas remplie de ces mille riens qui la dévorent, et la mettent ainsi dans l'impossibilité de produire quoi que ce soit de grand. Il n'est pas de famille illustre, tenant à être quelque chose par l'esprit et le caractère, qui n'abrite ses heures de recueillement sous une règle que les autres, ne fût-ce que par bienséance, s'habituent à la fin à respecter. M. de la Salle était dans ses pensées. Ce n'est pas évidemment la règle de Saint-Sulpice qu'il établit dans son hôtel; il avait trop de tact pour ne pas saisir la juste mesure. Il prit la fleur et le parfum de cette règle, et il sut donner beaucoup de grâce à l'énergie avec laquelle il fit observer les lois portées par lui.

Évidemment il était le premier à s'y soumettre ; et ainsi tous les jours, aux mêmes moments, il priait, étudiait, s'appliquait aux affaires de la maison, subordonnant chaque tâche aux heures où son devoir de chanoine l'appelait à la cathédrale.

Aussitôt qu'il avait dû renoncer à reprendre au séminaire de Saint-Sulpice ses études interrompues, sa présence à Reims étant absolument nécessaire, le jeune chanoine s'était fait inscrire à l'Université de cette ville pour les degrés de théologie. Il donna donc toute son application à cette science sacrée.

M. de la Salle passa ainsi plus de quatre années au milieu de ces soins multipliés. Ses frères grandissaient autour de lui, sa maison était dans un état prospère ; il brillait à l'Université, et toute la ville de Reims savait que si sa vie était si active, si pleine, lui pour cela n'était ni sauvage ni ennemi des bienséances du monde, et montrait, quand il le fallait, une affabilité exquise et un esprit du meilleur goût. D'ailleurs, toujours doucement grave, il alliait, dans une mesure d'autant plus parfaite qu'il ne la recherchait pas, l'humilité à la distinction. Le vêtement ecclésiastique ajoutait je ne sais quel trait achevé à son air digne. Tout, au reste, dans ce costume lui était aimable, et il lui eût été cruel de s'en dépouiller un seul instant. On remarquait sa couronne cléricale toujours soigneusement entretenue, en souvenir de la couronne d'épines de Notre-Seigneur. A part cela, ses cheveux courts et très simplement disposés ne portaient aucune trace de culture recherchée. Sa qualité de chanoine avait pour marque extérieure une riche bande de soie violette qui enveloppait les bords de son chapeau.

———

CHAPITRE VI

Intérieur de M. de la Salle à cette époque. — Son énergie à vaincre la nature. — Sa générosité. — Confidences de M. Rolland. — Sympathie de M. de Salle pour la congrégation de l'Enfant-Jésus. — M. de la Salle licencié en théologie. — Il reçoit le diaconat. — Ses deux années de préparation au sacerdoce. — L'incident du sommeil. — Il est ordonné prêtre. — Sa première messe. — Son portrait au physique et au moral. — Par une jeunesse passée dans la pratique d'héroïques vertus il s'est préparé à la grande œuvre qui fera à jamais sa couronne.

Par ce qui a été dit dans le précédent chapitre, on voit que M. de la Salle était un beau type d'un ecclésiastique de grande famille, vivant selon sa condition, mais d'une manière très édifiante, et en tout conforme à l'esprit de sa vocation sacrée.

Toutefois sous ces dehors il y avait bien autre chose. M. Rolland seul le savait. Depuis que, tout jeune homme encore, Jean-Baptiste avait compris que l'innocence et aussi les autres vertus ne restent bien dans l'âme que si l'on s'arme d'une indomptable vigueur, si surtout on n'a pas peur de réprimer avec les instruments de pénitence la rébellion des sens, ou les saillies non moins redoutables des passions de l'esprit ; depuis que Dieu lui avait montré cela dans une grande clarté, il n'avait cessé de se mortifier. Dire que le mal est tenace en nous et que, quoi qu'on fasse pour le tenir humilié, toujours il relève la tête, de sorte que l'œuvre de toute notre existence sur la terre est de constamment l'écraser, parce que constamment il revit, ce n'est pas apprendre quelque chose de bien nouveau. M. de la Salle n'était pas en dehors de cette loi commune à la nature humaine déchue. Seulement, dans cette lutte, il prenait d'héroïques moyens pour être victorieux. En se mettant entre les mains de M. Rolland, il lui exposa ce qu'il faisait de pénitences. Le directeur l'approuva et l'encouragea ; et Jean-Baptiste continua de marcher dans cette voie. Le clairvoyant confesseur saisit également quels étaient ses rapports avec le ciel. Il vit combien Dieu vivait près de lui, et lui près de Dieu. C'était entre l'un et l'autre une union de bien longue date, une intimité très étroite. Jean-Baptiste ne pouvait se passer de Dieu. L'appréciation de son genre d'oraison était donc facile. M. Rolland l'aida à suivre cet attrait, qui a quelque chose d'angélique. Le jeune de la Salle, au reste, avait mis en réserve pour son oraison les précieux principes qu'il avait reçus à Saint-Sulpice ; et il est certain que quand Dieu ne le tenait pas sous le charme de son adorable présence, il s'aidait de ces principes pour s'unir à Notre-Seigneur, le contempler, s'animer à l'imiter. Si tout le monde savait combien dans ces conditions, beaucoup plus simples qu'on ne se l'imagine, l'oraison est consolante, fortifiante, douce, il n'est personne qui ne voulût s'y donner.

M. Rolland ne tarda pas à s'apercevoir que le jeune chanoine retirait de ses rapports avec Dieu un extrême désir de faire tout pour être agréable à sa divine majesté ; et cette générosité, les biographes nous le disent unanimement, frappa vivement le pieux directeur. La moindre chose aux yeux de Jean-Baptiste, c'était d'exécuter la volonté de Dieu ; aux sacrifices que cela pouvait nécessiter, il disait : « Tant mieux, » et pensait que c'est tout simple d'aimer à ses propres dépens.

Enfin M. Rolland fut singulièrement touché de la docilité, de la soumission filiale que lui témoigna son pénitent. Plus d'une fois il se sentit confondu en se voyant pour lui l'objet d'un respect étonnant dont les biographes nous donnent une idée en disant : « Aux yeux de M. de la Salle, » son directeur « était un ange du ciel. »

Tous deux entrèrent bientôt dans une très douce intimité. M. Rolland parlait à M. de la

Salle de ses œuvres. Nous avons dit que la communauté de l'Enfant-Jésus lui était extrêmement chère. C'était un essaim sorti de Rouen, où résidait la ruche mère. Prêchant en 1670 le Carême dans cette ville, le théologal avait fait connaissance avec les religieuses de la Providence consacrées à l'éducation gratuite des filles. Une âme zélée et aimant Dieu comme la sienne devait être nécessairement ravie de travailler au bonheur de ceux qui sont délaissés, qui eux aussi ont une âme immortelle, et dans cette âme un trésor céleste d'une valeur bien touchante pour le pauvre, puisque le pauvre n'a que cela ! M. Rolland avait emmené quelques sœurs à Reims, et la petite congrégation, hélas ! végétait malgré ses soins. Il se donnait toutes les peines pour la faire prendre dans la cité ; mais c'était une œuvre nouvelle, on montrait de la défiance comme cela se fait toujours pour ce qu'on ne connaît pas ; les magistrats, de leur côté, craignaient que les écoles des sœurs de l'Enfant-Jésus ne finissent par être à leur charge, et, ayant d'autres dépenses à faire, ils ne se pressaient pas de prêter leur attention aux propositions du bon abbé Rolland. Et pendant ce temps-là les enfants dont on ne voulait pas s'occuper continuaient d'être exposés à tous les malheurs qui résultent de l'ignorance et de l'oisiveté.

Le zélé protecteur des sœurs de l'Enfant-Jésus entretenait donc M. de la Salle de ses tristesses à ce sujet, et il était heureux de se voir compris toutes les fois qu'il ouvrait son cœur à ce pieux ami sur un sujet qui absorbait les meilleures de ses pensées. D'autant plus qu'une vive préoccupation s'ajoutait à ces inquiétudes, et venait souvent l'assiéger. Agé seulement de trente-trois ou trente-quatre ans, il sentait qu'il s'en allait à Dieu; sa santé s'altérait de jour en jour, et ce ne pouvait être pour lui que l'affaire de quelques années; après cela sa petite communauté, n'ayant plus de père, périrait. Ses appréhensions émurent bien des fois M. de la Salle, à qui il les faisait connaître, et celui-ci, voyant qu'en effet son directeur ne tarderait pas à mourir, partageait ses craintes pour la frêle congrégation de l'Enfant-Jésus.

Souvent M. Rolland se disait à lui-même : Personne mieux que M. de la Salle ne pourra faire réussir mon œuvre après moi. Sa grande générosité envers Dieu m'est connue ; il ne reculera devant aucun sacrifice une fois qu'il y aura mis la main. D'ailleurs, le crédit dont il jouit dans Reims auprès des plus grandes familles sera à ses bons désirs un auxiliaire fort puissant. Il arrivera enfin à faire accepter à la ville le service immense pour lequel présentement elle se montre indifférente, n'ayant pas réfléchi à tout son prix ; et une fois que les magistrats auront consenti à prendre sous leur protection les Sœurs de l'Enfant-Jésus, leur avenir sera assuré. A la longue M. Rolland se hasarda à insinuer à M. de la Salle qu'il songeait à sa bonté pour faire en faveur de la communauté ce que bientôt lui-même ne pourrait plus faire. M. de la Salle le lui promit, et lui causa par là une vive consolation.

En attendant, les deux amis, liés par ce nœud sacré d'une bonne œuvre si intéressante, en parlaient toujours ensemble, priaient, et y donnaient leurs soins.

En 1675, M. de la Salle se présenta à l'examen de la licence, et subit toutes les épreuves d'une manière brillante. Il entrait dans sa vingt-cinquième année. Le moment était venu pour lui de songer au diaconat. Pour faire ce nouveau pas vers le sacerdoce, il lui fallait encore un ordre du Ciel. M. Rolland l'appela au nom de Dieu, et sa docilité ne se fit pas attendre. On ne sait pourquoi il fut ordonné à Paris. Plusieurs pensent qu'il entreprit ce voyage pour obtenir la protection de quelque personnage en faveur de l'œuvre de M. Rolland. Quoi qu'il soit, ce fut le 21 mars 1676 qu'il reçut le diaconat des mains de Mgr Batailler, capucin et évêque de Bethléem.

M. de la Salle, entré de bonne heure dans le sanctuaire, avait gravi lentement, et un à un, les degrés de l'autel : tous les saints voient dans le sacerdoce tant de grandeur, et leur humilité est si lente à se persuader que cette incomparable gloire est faite pour eux ! Et une fois que l'écrasant honneur est accepté, il faut dans la vie tant de dignité, tant de noblesse pour le porter, que ces grandes intelligences de saints hésitent.

Tels furent toujours les sentiments de M. de la Salle. Il ne crut pas que deux années fussent de trop pour se préparer à offrir le saint sacrifice, et il y consacra tout ce temps. Sa vie à l'extérieur fut la même. Il y eut pourtant dans les soins donnés à sa famille quelque chose de plus exquis, et il prodigua à ses frères des trésors de tendresse. La vue de ces enfants autour de lui avait toujours été fort douce à son âme ; il vécut plus intimement encore avec eux, continuant à leur prêcher la paix, l'union avec des accents inimitables qui le faisaient écouter affectueusement. Il s'appliqua également à inspirer à ce petit monde un plus vif amour de l'étude et aussi des choses d'en haut, meilleures encore que tout ce qu'il y a de meilleur ici-bas ; enfin, toutes les délicatesses d'une éducation élevée, les jeunes de la Salle les reçurent alors de leur frère. Ce qui fit que le chanoine, sans que cette existence recueillie mît obstacle jamais aux relations nécessaires, se livra un peu moins aux exigences du monde. Au reste, de plus en plus simple, humble et uni à Dieu, on voyait bien qu'il était dans l'attente d'une grâce immense.

Mais le grand travail de la préparation au sacerdoce était dans son intérieur. De nos jours, où nous sommes avides de connaître les mystères qui se passent dans l'âme des saints, on fût parvenu à dérober à la modestie de M. de la

Salle des notes où pouvaient être consignées ses dispositions. Mais si sa main émue traça des lignes sur ses moments d'allégresse ou de désolation, de répugnance, de dégoût, sur ses dé-

Jean-Baptiste de la Salle donna l'ordre à son valet de chambre de l'éveiller et de le secouer jusqu'à ce qu'il le vît prendre ses vêtements.

faites passagères et sur ses conquêtes définitives, car son énergie contre lui-même finissait toujours par avoir le dernier mot, tous ces documents ont disparu. Et ses biographes s'en plai-

gnent. Ils n'ont pas tort. La seule trace qui
soit restée dans l'histoire des efforts nombreux
qu'il a dû faire durant cette période de deux
années, la voici. Elle mettra sur la voie de bien
d'autres.

Ses nombreuses occupations l'avaient obligé
de n'accorder, la nuit, au sommeil qu'une part
trop modique. Le matin, quand de bonne heure
il lui fallait quitter le lit, la nature, qui n'avait
pas son compte, faisait à sa volonté une oppo-
sition opiniâtre. Le pieux chanoine, éveillé à
l'heure fixée, refermait bientôt ses yeux appe-
santis ; il relevait aussitôt la tête, et sa tête re-
tombait de sommeil. Un jour, fatigué de cette
lutte, il donna une fois pour toutes à son valet
de chambre l'ordre de l'éveiller et de le secouer,
sans trêve ni merci, jusqu'à ce qu'il le vît
prendre ses vêtements. Ce que fit son fidèle serviteur. Mais il paraît que le sommeil ne battit
pas en retraite pour si peu ; car, venant saisir
sa pauvre victime au beau milieu de l'oraison,

il l'exerçait à la patience de façon à faire pitié.

M. de la Salle employait tous les moyens pour vaincre cet assoupissement importun, qui troublait ses saintes pensées et lui prenait les plus doux moments de la journée, ceux que Dieu lui permettait de passer avec lui. « Il entrait, nous dit son vieux biographe, dans une sainte colère contre lui-même, et se faisait tous les reproches possibles. » Mais le sommeil revenait toujours. Et c'est ainsi que pendant quelque temps se passa son oraison. M. de la Salle n'était pas homme à lâcher prise dans les luttes contre lui-même ; et on verra avec quelle énergie il entendra toujours être le maître de ses sens et les dominer par une puissance de volonté étonnante. « Mais quel remède, se demande avec naïveté son biographe cité tout à l'heure, quel remède à ce mal doux et traître qui captive les sens dans les moments que l'âme veut s'en dégager pour s'appliquer à Dieu ? » M. de la Salle ne se donnera pas de repos qu'il en ait trouvé un. Il s'imagine enfin de mettre des cailloux aigus sous ses genoux, et sur la tablette de son prie-Dieu des épines. C'était ingénieux. Au moindre assoupissement, ou son front tombait sur les épines, ou dans ses genoux, qui portaient alors tout le poids de son corps, s'enfonçaient violemment les cailloux; et c'est ainsi qu'il fit fuir le sommeil par l'aiguillon de la douleur. Tout ce qu'avait de précieux devant Dieu une oraison de ce genre n'échappera à personne.

Nous avons tout à l'heure parlé de lit. D'après ses biographes, à cette époque, il semblerait qu'il n'en usait pas toujours; et l'un d'eux (1) nous dit formellement qu'il couchait depuis longtemps déjà sur des bûches de bois, afin de dompter sa chair et de céder le moins possible au sommeil. Il faut croire que M. de la Salle avait recours aux services obligeants de son valet de chambre, dont il vient d'être parlé,

(1) M. Ravelet.

quand, sa santé où l'ordre de ses directeurs l'ayant forcé à abandonner sa dure couche, il se retrouva dans les conditions ordinaires où l'on dort communément. Quoi qu'il en soit, rien n'est curieux comme le pieux dépit des historiens de ne pouvoir soulever davantage le voile qui cache des austérités certaines, mais qu'il est impossible de préciser. Ils mentionnent encore que **M.** de la Salle travaillait à réduire sa nourriture, tout en disant que l'extrême délicatesse dans laquelle il avait été élevé sous ce rapport l'obligeait à avoir sa table servie comme autrefois.

L'année 1678 devait être celle de son élévation à la prêtrise. Quelques mois avant Pâques, se voyant si près du grand jour, il se prit à trembler ; il avait à un si haut degré conscience de son indignité ! L'obéissance à ses supérieurs put seule le rassurer ; et encore « cette obéissance aveugle, dit **M.** Blain, ne put-elle étouffer ses larmes et ses gémissements. »

Toutefois l'amour finit par venir tendre la main à l'obéissance, et M. de la Salle, qui connaissait si bien Dieu, ouvrit son cœur à la confiance. Le samedi saint, 9 avril, il s'agenouilla avec le plus grand calme devant l'archevêque de Reims, Mgr le Tellier, et reçut de ses mains l'onction sacerdotale.

Le jeune prêtre fit bien voir que s'il avait accepté en pleurant la redoutable dignité, il possédait dans son cœur un amour pour Dieu qui ne pouvait le tenir indéfiniment dans la crainte. Le lendemain même, jour de Pâques, alors que l'huile sainte avait à peine eu le temps de sécher sur ses mains consacrées, il monta à l'autel.

Dans une chapelle retirée de la métropole, à une heure solitaire, en présence de quelques parents, sur un autel modeste, avec des ornements simples et deux cierges allumés, il offrit pour la première fois l'adorable victime. Il avait voulu que le ciel seul fût de cette fête. Le chanoine distingué, le fils de grande maison s'étaient évanouis pour faire place à l'ange, car c'est ainsi qu'il parut à ceux qui le virent durant l'action sainte. « Un ange, dit son vieux biographe, s'il descendait sur la terre pour célébrer, n'apparaîtrait pas sous une autre forme. » Ce qu'il y eut d'attendrissement dans les assistants ne se peut exprimer quand ils aperçurent sur sa figure, dans ses yeux, les traces de l'extase. La présence de la divine Victime leur devint à tous sensible, reflétée si magnifiquement dans les traits du jeune sacrificateur, interprétée par ses larmes et je ne sais quel rayonnement lumineux. Les biographes nous assurent que cet éclat mystérieux ne s'éteignit point aux autres messes que célébra l'angélique prêtre. La douce splendeur continua de briller. M. de la Salle, réellement, là n'était plus un homme. Et même il est avéré qu'après avoir quitté l'autel, il lui fallait quelquefois un quart d'heure pour revenir à lui et se retrouver sur la terre. Presque défaillant sous des émotions toutes divines, il finissait par reprendre ses sens. « Il arrivait souvent, dit M. Blain, que M. de la Salle, au retour de l'autel, n'était pas en état de parler. Il avait peine à faire usage de ses sens. Pendant ce temps, il paraissait sans mouvement.... Plusieurs personnes dignes de foi ont été témoins de ces sortes d'extases. » L'espèce de transfiguration du serviteur de Dieu au saint autel est un fait acquis à l'histoire ; ses biographes l'ont tous indiqué ; et par ce qu'ils en disent, il est difficile de ne pas voir là, de temps en temps au moins, quelques-unes de ces merveilleuses choses qui arrivaient à saint Dominique, par exemple, à saint Ignace de Loyola et à d'autres encore, quand ils célébraient la messe.

De tout cela il résultait pour les assistants une édification étonnante. « C'était, nous dit le P. Garreau, un spectacle ravissant de le voir à l'autel, le visage enflammé ; ce feu divin se répandait sur les assistants, qui se sentaient saisis d'une dévotion extraordinaire. » Mais l'effet principal produit par M. de la Salle célébrant la messe, c'était de convaincre de la présence réelle de Notre-Seigneur et de son ineffable immolation. Au dire du pieux Blain, « si Calvin, si Bèze et les autres hérétiques l'eussent vu, ils eussent brûlé leurs écrits contre la présence réelle de Jésus-Christ dans le très saint Sacrement. » Le vieux biographe ne tarit point sur ce sujet. « Pour sentir la foi de la présence réelle de Jésus-Christ, dit-il, et voir naître en son cœur des sentiments de dévotion, il suffisait de voir le jeune sacrificateur à l'autel. » M. Blain se pose cette question : « Était-il donc, à l'autel, à l'abri de cette foule de distractions dont les personnes les plus vertueuses ont tant de peine à se défendre? Maître de son imagination, pouvait-il la contraindre pendant les saints mystères de le laisser en paix, et de ne point troubler son repos en Dieu? » Le pieux auteur répond sans hésiter : « Non, il n'éprouvait ni les égarements d'un esprit distrait ni les illusions d'une imagination dissipée ; c'est ce qui est remarqué dans les mémoires de sa vie. Ce privilège est grand, singulier, extraordinaire. »

Tout cela faisait qu'on allait à la messe pour la seule consolation de le voir ; et il était impossible d'échapper à l'impression vive que produisaient ce respect, ce recueillement, cette majesté dont sa personne rayonnait. C'était une émotion qu'il fallait subir ; et dans quelque disposition qu'on se présentât, on ne tardait pas à se sentir tout autre, et à être entraîné dans la sphère divine où se trouvait transporté cet homme, devenu comme un personnage céleste pour quelques instants du moins.

Il était inévitable que ceux qui l'avaient ainsi vu à l'autel n'eussent pas la pensée de s'adresser à lui dans les besoins de leur âme. Le jeune prêtre fut bientôt assiégé par une foule de gens qui accouraient vers lui avec une confiance absolue dans sa sainteté pour le consulter, assurés de recevoir de sa bouche les réponses du Saint-Esprit. On choisissait de préférence, pour venir à ses pieds, les moments qui suivaient sa messe, alors qu'il lui restait encore quelque chose de l'impression divine de l'adorable sacrifice. « On l'attendait au sortir de l'autel, raconte M. Blain, pour profiter des grâces qu'il avait reçues. Son action de grâces étant faite, on le saisissait, pour ainsi dire, de peur qu'il n'échappât, pour prendre ses avis et profiter de ses lumières. Sa grande jeunesse ne nuisait aucunement à la confiance. »

C'est par la dignité du sacerdoce que fut couronnée la jeunesse de M. de la Salle.

Pour caractériser cette première période de sa vie, nous n'avons que ces mots très simples à dire : la superficie de cette vie de vingt-sept années c'est la sérénité, la lumière ; au fond il y a constamment des merveilles de générosité inspirées par un amour de Dieu qui s'annonce comme devant être héroïque ; mais, encore un coup, à la surface c'est la lumière, la sérénité. Nous ne voyons que deux circonstances où M. de la Salle eut à répandre de ces larmes qui révèlent une grande blessure dans le cœur : c'est à la mort de son père et de sa mère. Mais en retour il n'eut pas à pleurer sur la perte de son innocence, car il avait au grand jour du sacerdoce la robe de son baptême dans toute sa blancheur immaculée.

M. de la Salle se présente à nous en ce moment avec une grande noblesse de caractère, un fond étonnant de raison, une mâle vigueur, un esprit net et pratique, et cette défiance de soi-même, cette docilité humble qu'on ne possède dans cette mesure qu'à la condition d'être un esprit supérieur ; enfin, quoique son amour pour Dieu lui donne une indomptable énergie, il est la suavité même, et plus tard on le proclamera à juste titre l'homme le plus doux de son siècle.

Son extérieur, au reste, est imposant. D'une taille au-dessus de la moyenne et bien propor-

tionnée, il a les yeux vifs, grands, le front lumineux, large. Ses yeux portent l'empreinte de la
douceur et de la majesté ; une vive intelligence y
brille ; sa physionomie respire la modestie et
annonce un cœur d'ange. Sourire agréable,
parole grave et aimable à la fois, il a tout pour
exciter la sympathie. Enfin la simplicité et la
grâce reluisent dans ses manières ; et sur toute
sa personne se trouve répandu comme un reflet
du ciel qui la rend en quelque sorte déjà sacrée.

Tel est le portrait, le caractère de M. de la
Salle à l'âge de vingt-sept ans ; telle est aussi
l'histoire de sa jeunesse.

Si l'on se porte à quarante ans plus tard, on
retrouve M. de la Salle sur son lit de mort.

A ce moment, il a accompli une des œuvres
les plus belles et les plus difficiles qui aient été
vues ici-bas : aux enfants, aux jeunes gens il a
donné des instituteurs, qui les comprennent, qui
les aiment, qui les instruisent, qui les élèvent
dans l'amour de Dieu.

Voici à quel prix **M.** de la Salle a atteint ce résultat.

Il a quitté son canonicat et renoncé à la carrière brillante dans laquelle il était entré; il s'est dépouillé de ses richesses, comme on le faisait aux premiers siècles du christianisme, et les a distribuées aux pauvres; honneurs, considération des hommes, il a tout généreusement sacrifié, recevant intrépidement les affronts et les outrages; les plus austères pénitences, il les a embrassées; il n'a pas reculé devant la perspective de mendier comme un pauvre; dans son humble maison de Vaugirard, le pain lui a manqué; les contradictions n'ont cessé un seul instant de l'assaillir; et, calme et humble, il s'est avancé toujours, semant dans la France étonnée d'admirables écoles, qui peu à peu se répandirent sur toute la terre, et maintenant couvrent le monde.

En face de cet homme, à qui Dieu demanda tant de sacrifices pour la jeunesse, et qui, en exhalant son dernier soupir, prononçait cette belle parole : « J'adore en toute chose la conduite du Seigneur à mon égard, » on est ému, et l'on s'écrie : « En vérité, son amour pour les jeunes gens, qu'il voulait à tout prix rendre heureux en les attachant à Dieu, a fait de lui un héros, et son héroïsme a produit le beau et touchant chef-d'œuvre des Écoles chrétiennes ! »

Vénérable de la Salle, en vous préparant, par une jeunesse innocente et solidement vertueuse, à la mission que Dieu vous destinait, vous avez fait naître dans notre esprit cette conviction : oui, pour tout homme, la manière dont il passe ses premières années est d'une importance souveraine, et la vie qui a eu dans sa fleur pour support la piété et les mâles inspirations de la religion sera une vie utile aux autres, et en tout cas une vie noble et digne du regard de Dieu.

SA GLORIFICATION

1719 — 1888

Tous les gens de bien pleurèrent la mort de
M. de la Salle ; ses enfants surtout ne pouvaient
s'en consoler. Le Supérieur général était obligé
de recourir à tous les motifs que la religion
fournit pour relever leur courage.

« N'attristez point l'esprit de Notre-Seigneur
qui est en vous, écrivit-il à l'un d'eux, par votre
tristesse démesurée au sujet de notre très cher
Père. Je ne sais comme je suis : je suis triste
et joyeux tout ensemble. L'odeur que j'ai de sa
sainte vie, jointe au souvenir de plusieurs choses

extraordinaires arrivées au temps et au sujet de sa mort, me console. Soyez donc plus gai ; car la tristesse qui ne vient pas du mouvement du Saint-Esprit est dangereuse et a de fâcheuses suites. »

Dieu ne tarda pas à manifester par des faits merveilleux la gloire et la puissance de son fidèle serviteur.

L'Institut qu'il avait fondé prit des développements extraordinaires. Cette œuvre admirable ne fut jamais plus forte et plus féconde que lorsqu'elle parut sans défense et livrée à sa propre faiblesse. Jamais non plus l'union, la ferveur et la subordination ne furent mieux établies au dedans.

Dès l'année 1724, la Société des Frères des Écoles Chrétiennes fut reconnue civilement par lettres patentes de Louis XV. En 1725, elle recevait une grâce plus grande encore : par une Bulle du pape Benoît XIII, elle était approuvée solennellement et érigée en Ordre religieux.

Lorsque la tempête révolutionnaire éclata en France, les Frères des Écoles Chrétiennes se montrèrent dignes de leur Père, et refusèrent le serment schismatique. Cette fidélité inébranlable leur valut les honneurs de la persécution. Ils furent exilés. A l'époque du Concordat, ils purent rentrer en France et rouvrir leurs écoles.

Depuis lors, les services éminents que les Frères rendirent à la classe indigente et aux enfants pauvres furent tellement appréciés, que tous les pays du monde désirèrent posséder des maîtres si vertueux et si habiles. D'autre part, la divine Providence inspirait à un grand nombre de jeunes gens le désir de se dévouer à l'éducation de la jeunesse et de l'enfance.

En mourant, le pieux Fondateur avait laissé 23 maisons, 274 Frères et 9,885 élèves. Aujourd'hui son Institut compte près de 2,000 maisons, plus de 12,000 Frères, près de 400,000 élèves. Ses enfants, répandus dans toutes les parties de l'univers, font bénir le nom de JÉSUS-CHRIST chez tous les peuples, sous tous les climats et dans toutes les langues.

Pendant que la famille spirituelle de M. de la Salle se multipliait d'une manière étonnante, le tombeau du saint Fondateur devenait glorieux. A la demande d'un grand nombre d'évêques, la cause de béatification et de canonisation du serviteur de Dieu fut introduite à Rome. Le 8 mai 1840, le pape Grégoire XVI lui donna le titre de *Vénérable*. Le procès de béatification fut poursuivi ; et au moment même où l'on examinait, à Rome, les écrits et les vertus héroïques du saint prêtre, de nouveaux miracles éclatèrent à son tombeau.

LES MIRACLES

———

Une jeune fille de vingt ans, Victoire Ferry, qui était employée à l'hôpital général de la ville d'Orléans, fut victime d'un accident épouvantable. Une folle se jeta brutalement sur elle, la renversa et lui laboura le corps à coups de pieds. On crut qu'elle en mourrait sur l'heure : elle survécut pourtant, mais ce fut pour être tous les jours menacée de la mort. Ses souffrances faisaient pitié : elle restait parfois trois ou quatre heures comme une morte, dans les bras de sa mère ; mais en 1844, tout parut décidément fini. C'est alors qu'on lui parla du Vénérable Jean-Baptiste de la Salle. Elle lit la *Vie* du serviteur de DIEU, et éprouve soudain une pleine confiance en ce puissant intercesseur. Elle l'invoque avec persévérance. Dans la nuit du 20 au 21 mai, elle entend la voix du Vénérable qui lui apparaît et lui dit :

— Tu es guérie.

Et elle était en effet complètement guérie.

En 1866, le Frère Adelminien dirigeait à Paris la communauté de Saint-Nicolas-des-Champs. C'était un maître actif et dévoué, tout à sa communauté et à ses devoirs, et qui pouvait espérer de longues années de santé. Soudain un coup de foudre l'abat, sans qu'il y ait espoir de le pouvoir jamais relever. Ce coup de foudre, c'est une maladie incurable. Le Frère sentit qu'il n'avait de recours qu'en DIEU et en ses saints. Il quitte Paris et se traîne jusqu'à Rouen au tombeau du Vénérable. Le 5 janvier 1868, après une première neuvaine qui n'avait donné aucun résultat, le pauvre infirme en commence une seconde. Soudain il éprouve des douleurs atrocement aiguës qu'il ne connaissait pas. Il put croire que c'était la mort, ce fut la guérison : une guérison complète, instantanée, durable.

Un enfant âgé de onze ans, Étienne de Suzanne, faisait mal à voir : les médecins comptaient jusqu'à cent quarante pulsations à la minute, et son corps était tellement replié sur lui-même que le menton touchait aux genoux. Toute la famille désespérait de le sauver. Par bonheur, ses parents étaient de vrais chrétiens. Ils communiquèrent leurs angoisses au cardinal de Bonnechose.

— A votre place, leur dit le Cardinal, je demanderais la guérison de cet enfant au Vénérable de la Salle : il vient de sauver le Frère Adelminien, et sauvera peut-être votre Étienne.

On commença une neuvaine.

— Je crois que je guérirai, disait l'enfant dès le troisième jour. Cependant les souffrances augmentaient de plus en plus. Qu'importe ! l'enfant, de sa voix de poitrinaire, aimait à répéter :

— Je serai guéri à la fin de la neuvaine.

Puis, se tournant vers sa mère :

— Préparez-moi mes habits, disait-il, je veux aller à la messe.

Il y alla, en effet, au lendemain du neuvième jour, frais, alerte, dispos, guéri.

Après un long et minutieux examen, le 1er novembre 1887, le Souverain Pontife Léon XIII, promulgeait la sentence qui approuvait le jugement de la Sacrée Congrégation des Rites reconnaissant l'authenticité des trois prodiges racontés ci-dessus.

Le 27 du même mois, Sa Sainteté décréta qu'on pouvait procéder à la béatification du Vénérable Jean-Baptiste de la Salle, et lui donner le titre de *Bienheureux*.

Peu après, des Lettres apostoliques fixèrent au dimanche 19 février 1888 la célébration de

cette solennelle béatification, à Rome, indi-
quèrent les collecte, secrète et postcommunion
propres à la messe du nouveau Bienheureux, et
déterminèrent la date du 4 mai pour sa fête
annuelle, au rite double majeur, dans les dio-
cèses de Reims, de Paris et Rouen, et dans
toutes les chapelles des Frères.

PRIÈRE

Au Bienheureux JEAN-BAPTISTE DE LA SALLE

———

ORAISON DE L'ÉGLISE

O Dieu, qui, pour donner l'éducation chrétienne aux pauvres, et pour enseigner la science aux petits, avez suscité le Bienheureux confesseur JEAN-BAPTISTE, et formé pour lui dans l'Église une nouvelle famille religieuse, accordez, nous vous en supplions, à ceux qui instruisent l'enfance chrétienne, de suivre toujours ses exemples et de ressentir les bienfaits de son intercession, par Jésus-Christ Notre Seigneur. Ainsi soit-il.

TABLE

—

PRÉFACE. IX

CHAPITRE I

Antique famille du bienheureux de la Salle. — Son baptême. —
L'hôtel où il est né. — Soins remarquablement chrétiens
dont fut entouré son berceau. — Ses larmes et le crucifix
de sa mère. — Le premier mot qu'il prononce. — Sa pieuse
grand'mère, Mme Lancelot de la Salle, née Coquebert, meurt
comblée de consolations 13

CHAPITRE II

On conduit Jean-Baptiste à l'église pour la première fois. —
Ses impressions naïves. — Leçons de sa mère. — L'adorable
sacrifice de la messe. — Avec quelle charmante amabilité
l'enfant se soustrait aux jeux de son âge. — Ses petits
oratoires. — Jean-Baptiste dans le salon de ses parents. —
Il apprend à lire. — Comment s'annonce son caractère. 25

CHAPITRE III

M. de la Salle veut faire apprendre la musique à Jean-Baptiste.
— Le petit gentilhomme enfant de chœur. — Il entre au collège. — Sa première communion, et l'appel divin. — Il reçoit
la tonsure. — Ses quatorzième, quinzième et seizième années.
— Il met soigneusement à l'abri l'innocence conservée de son
jeune âge. — Le chapitre très illustre de la métropole de
Reims l'admet dans ses rangs. 41

CHAPITRE IV

Comment Jean-Baptiste envisage sa nouvelle position. — Le jeune chanoine au chœur. — Il est promu aux ordres mineurs. — Sa vie toute en Dieu. — Importance qu'il attache à l'étude. — Il est reçu maître ès arts. — Son départ pour Paris. — Le séminaire de Saint-Sulpice. — Culture de la vertu et des sciences sacrées. — Au milieu des hommes éminents qu'il a pour maîtres, tels que M. Tronson, et des élèves distingués qu'il a pour condisciples, tels que Fénelon, il laisse une trace remarquable. — Sa mère meurt, et bientôt après, son père.   63

CHAPITRE V

Le jeune de la Salle examine une dernière fois l'affaire de sa vocation. — Il se rend à Reims pour consoler ses frères et ses sœurs désolés. — Regrets qu'il laisse au séminaire. — Le soin de sa famille retombe sur lui. — Il ne peut retourner à Saint-Sulpice. — M. le chanoine Rolland. — Après deux mois de séjour à Reims, M. de la Salle est ordonné sous-diacre. — Sa sollicitude pour ses frères. — Ordre admirable qu'il fait régner dans sa maison. — Il reprend à Reims ses études de théologie. — Sa tenue dans le monde   85

CHAPITRE VI

Intérieur de M. de la Salle à cette époque. — Son énergie à vaincre la nature. — Sa générosité. — Confidences de M. Rolland. — Sympathie de M. de la Salle pour la congrégation de l'Enfant-Jésus. — M. de la Salle licencié en théologie. — Il reçoit le diaconat. — Ses deux années de préparation au sacerdoce. — L'incident du sommeil. — Il est ordonné prêtre. — Sa première messe. — Son portrait au physique et au moral. — Par une jeunesse passée dans la pratique d'héroïques vertus, il s'est préparé à la grande œuvre qui fera à jamais sa couronne   103

Sa glorification (1719-1888).   129
Les miracles.   133
Prière au Bienheureux J.-B¹⁰ de la Salle . . .   139

Lille, Typ. A. Taffin-Lefort, 6.

9 782019 958992